JN410261

권영자 수필집

조금씩 아주 조금씩

조금씩 아주 조금씩

권영자 수필집

1판 1쇄 인쇄/ 2018년 1월 5일
1판 1쇄 발행/ 2018년 1월 11일

지은이 / 권 영 자
펴낸이 / 우 희 정
펴낸곳 / 도서출판 소소리

등록 / 제300-2007-21호
주소 / 03073 서울 종로구 성균관로 5길 39-16
전화 / 765-5663, 010-4265-5663
e-mail: sosori39@hanmail.net
www.sosori.net

값 12,000 원

*잘못된 책은 바꿔드립니다.

ISBN 979-11-5891-096-9 03810

조금씩 아주 조금씩

권영자 수필집

책을 내면서

오랜 망설임 끝에

그 어느 때보다 생을 진지하게 돌아보게 되는 계절 앞에 서 있다.

그동안 틈틈이 써놓은 글들을 모아 세 번째 수필집을 묶으면서 수없는 갈등을 했다. 법정스님의 말씀이 자꾸 생각나서다.

내 서재에는 이십여 권이 넘는 그분의 저서들이 꽂혀있다. 무소유의 삶을 몸소 실천했던 구도자이자, 향기로운 글로 수많은 독자층을 거느린 분이었지만 놀랍게도 "세상에 말빚을 많이 졌다"며 자신의 저서를 모두 절판해 달라는 마지막 유훈을 남기고 떠났다. 그분의 이런 당부는 어설픈 글을 쓰며 수필가 소리를 듣던 나에게 적잖은 충격이 아닐 수 없다.

망설임 끝에 모아진 글을 책으로 엮으려니 다시 맨몸을 드러낸 듯 마음이 달아오른다. 그렇다고 지나온 내 삶의 조각들에 부여했던 의미를 지워버릴 수도 없는 일이라, 묵은 것을 갈무리하는 마음으로 어렵게 다시 용기를 냈다.

오랜 애석생활을 해오다보니 내 인생길 의미 있는 동반자인 수석들이 안겨준 즐거움과 탐석에 얽힌 글도 여러 편 들어 있다. 다시 태어나도 좋아할 수밖에 없을, 돌들이 안겨준 깊은 사색은 나를 가장 나답게 만들어준 특별한 존재가 아닐 수 없다.

사랑하고만 살아도 부족한 날들. 아내로. 어머니로. 할머니로. 희로애락을 함께한 가족들에게도 고마운 마음을 담았다. 부모 품을 떠나 있는 아이들이 훗날 내 수필집을 읽으며, 나를 그립게 떠올릴 수 있다면 더 바랄 게 없다.

2018년 1월

雲香 김영자

▷ 차 례

1. 추억을 캐다

2. 가지 못한 길

3. 애마의 독백

4. 함께 걷는 길

1.

추억을 캐다

꽃밭: 김명숙

사진, 그 속에 담긴 여로

지금껏 맞이하고 떠나보낸 날들이 자그마치 26,280일이나 된다.

그날이 그날 같이 흘러간 수많은 날들 무얼 하며 예까지 온 것일까. 이럴 때 나는 처방전을 받은 환자처럼 안도하게 되는 사진첩을 들춘다. 지난 내 생의 자취들이 고스란히 찰나에 멈춰 있다. 한 컷 한 컷 퍼즐을 맞추듯 연결해 가다보면, 긴 여정의 토막난 기억들이 재생기에 담긴 한 편의 영화처럼 집약되어 떠오른다.

나는 해방의 기쁨이 온 땅에 충만하던 해에 태어났다. 그러나 민족상잔의 비극적인 전쟁으로 인해 이불보따리를 짊어진 아버지. 젖먹이 동생을 업은 어머니의 손을 잡고, 여섯 살 어린나이로 공포에 떨며 걸어서 전라도까지 피난 갔던 일은 사진이 없어도 어제 일처럼 기억에 또렷하다. 전쟁을 치른 뒤 너나없이 어렵던 보릿고개를 넘으며 성장기를 보내다보니, 어릴 적 내 모습은 초등학교 졸업사진이 유일하다.

넉넉하지는 않아도 궁색함을 모르고 풋풋한 꿈을 키워가던 중・고등학교 시절의 다양한 모습들, 내게도 이런 날들이 있었지. 마치 타임머신을 탄 듯 사진을 찍던 순간의 마음상태까지 느낄 수 있는 그 시절로 단숨에 나를 데려다 놓는다. 이어 내 청춘의 날들이 싱그럽게 펼쳐진다. 사랑하고 고뇌하며 함께 꿈을 키우던 얼굴들이 새록새록 그리움을 몰고 온다.

사진 속에서는 이승과 저승의 경계마저 허문다. 기억 속에서 점점 멀어져간 사람들이 세상에 왔다간 증표가 되어 한 공간에 다정하게 모여 있다. 인연의 고리가 맥없이 풀려나간 자리엔 허망함만이 감도는데 여전히 그들은 생시처럼 환하게 웃고 있다. 내 곁에 머물렀던 흔적만을 남긴 채 다들 어디로 간 것일까. 안타까운 소멸의 허무감에 젖는다.

가족사진을 본다. 남편을 만나 하나가 둘이 되고 둘이 다시 셋, 넷, 다섯이 되어 가정이라는 울타리 안에 모여 살면서 기념일마다 찍었던 가족사진. 세 아들의 성장기모습. 그들이 결혼하여 가정을 이룬 뒤 태어난 손자손녀들의 변화되어 가는 과정들이 생생하게 담겨있다. 시절을 잘 타고나 단란한 가정에서 부족함 없이 성장해가는 모습들이 행복해 보여 좋다. 감사한 일이다.

초등학교 졸업사진을 시작으로 요즘 찍은 사진들까지, 사진 속에 담긴 세월이 마치 찰나 같이 느껴진다. 그러나 그 쉼 없는 길을 걸어오면서 명치끝이 아려오는 고통의 날인들 없었겠는가. 이제는 모두가 지난일이 되었고, 옹이처럼 남아 있는 상처의 흔적마저도 담담하게 바라볼 수 있는 나이가 되었다.

끊임없이 내 삶 속을 헤집고 들었던 즐거웠던 일, 힘들었던 일. 모두가 아스라이 꿈결 같다. 남은 날들 물안개 걷힌 호수 같은 평안을 기도하는 마음이지만, 이 또한 생각이나 바람대로 이루어지지 않는 것이 삶의 흐름이 아니던가. 피해갈 수 없다면 순리에 맡긴다는 관조의 마음도 오랜 세월이 안겨준 선물이다.

만약 생의 한 순간이 멈춰진 사진마저 없다면, 숱한 날 희로애락의 파고를 넘어온 자취들을 무슨 수로 다 기억해낼 수 있으며, 그리운 얼굴들을 어디서 다시 볼 수 있을까.

사진 그 고마운 기억장치에 기대 오늘도 과거로의 시간 여행을 하고 있다.

동문서답(東問西答)

문우 서선생이 두 번째 수필집을 발간했다.

한 권의 책이 만들어지기까지 작가의 부단한 노고를 알고 있는 터라, 축하도 할 겸 수필집 발송 작업에 일손을 보태기로 했다. 이심전심 모인 문우들은 마치 자기 일처럼 분담에 열중이다. 여러 명이 해도 꼬박 하루가 걸리는 일로, 수백 권의 책에 띠를 두르는 일에서부터 속지에 작가가 직접 서명날인 한 별지를 붙이는 일. 주소지가 적힌 봉투를 우편번호에 따라 분류한 뒤 최종 발송하는 여러 과정을 거쳐야만 비로소 독자와 만날 수 있는 수작업들이다.

점심시간이라 잠시 하던 일을 멈추고 인근 삼계탕 집으로 갔다. 여름에 먹는 닭고기와는 달리 내키지 않았지만 선택의 여지가 없다. 주문한 음식을 기다리는 동안 며칠 앞으로 다가온 명절이 화제가 되었다. 분가해 사는 가족들이 한자리에 모이는 특별한 날이지만, 장보기며 음식을 장만해야 하는 시어머니나 손님 같은 며느리나 명절증후군에 시달리기는 마찬가지란다. 결론은 매사가 조심스럽고 거리감이 느껴지는 며느리보다는 친구처럼 스스럼없는 딸이 좋다는 것이다. 아들 가진 쪽에서 보면 그런 딸도 며느리라는 범주 안에 있는데 참으로 모순된 합리화가 아닐 수 없다.

주문한 삼계탕이 나왔다. 선뜻 구미가 당기지 않는다. 한입 삼키려는 순간 심한 구역질이 일었다. 유독 비위가 약하긴 해도 이런 일은 처음이다. 여럿이 하는 식사자리에서 어찌해야 좋을지 난감했다. 손으로 입을 가렸지만 내용물이 밖으로 튀어나올 것 같이 울렁거리는 바람에 그만 무례함을 들키고 말았다.

건너편에 앉은 이선생이 왜 그러냐고 놀라 묻는다. 시선이 모두 내게로 집중되고 한마디씩 거드는 말이 가관이다.

"권선생 혹시 임신했어요?"

"그 나이에 임신했으면 해외토픽 감인데…." 민망하지 않도록 배려해주는 유쾌한 농담이라는 걸 알기에 "임신이라면 얼마나 좋겠어요. 딸 하나 낳고 싶은데." 나도 맞장구를 쳤다. 끝내 삼계탕은 먹을 수 없었고 식당주인이 급조해준 야채죽과 커피로 반란을 일으킨 속을 다스렸다.

식후에 다시 작업을 이어갔다.

늘 좌중을 즐겁게 해주는 재능을 가진 이선생이 한쪽 귀에 난청이 생겨 번번이 말미를 놓치고 딴전이다.

"배선생 애인 있다구?"

소식이 뜸한 문우의 안부를 묻는 우리의 대화에 끼어든 이선생의 동문서답이다.

신경 줄을 바짝 조이지 않으면 화기애애한 분위기에 어울릴 수 없는 당사자로서는 마음 쓰이는 일이겠으나, 다 같이 나이 들어가는 처지이고, 누구라도 그 입장이 될 수 있으므로 자연스러운 현상으로 받아들였다.

그런데 코미디 같은 사건의 발단은 이번에도 이선생 때문에 일어났다. 매사 대충 넘어가는 성미가 아니다 보니 그냥 지나쳐도 될 말인데도 궁금해 하며 "뭐라고 했느냐?"고 되묻는다.

그때 멀찍이서 듣고 있던 우선생이 냅다 큰소리로 응수했다.

"권선생이 임신했다고요."

이선생의 질문에 한술 더 뜬 동문서답 치고는 가히 특종감이다. 사무실은 일순 웃음바다가 됐다. 식당에서 화제가 되었던 이야기가 다시 터진 것이다.

언젠가 모임자리에서 살아오면서 가장 아쉬운 일이 뭐냐고 묻기에, 노후에 외롭지 않으려면 딸을 낳아야 한다는, 친정어머니 말씀을 귀담아 듣지 않은 것이라고 했다. 두 살 터울의 사내아이 셋 건사하기도 버거운 시절이었으니 어머니의 진심어린 당부가 귀에 들어올 리 없었다. 시효를 넘긴 후에야 딸이 있었으면 했지만, 모든 일에는 때가 있는 것이라 뒤늦은 미련만 안겨줬다. 그런 나에게 뜬금없이 임신이라니. 언감생심 가당키나 한 일인가.

웃음이 건강에 좋다며 억지웃음을 짓게 하는 웃음치료사까지 등장한 요즘이다. 아닌 밤중에 홍두깨라고. 우선생의 재치와 순발력이 돋보인 동문서답으로 인해 파안대소 했던 그 일을 생각하면 길을 가다가도 절로 웃음이 난다. 정도가 지나치다 싶은 말장난에도 섭섭해 하지 않고 너그럽게 받아주는 문우들이 동원된 출판 품앗이. 난청의 불편함이 오히려 모두를 즐겁게 만든 이선생 때문에 모처럼 실컷 웃어본 하루였다.

동문서답이면 어떠랴. 임신했다는 우선생 말이 현실이 되어 그렇게들 좋다는 딸을 낳을 수만 있다면, 해외토픽감이 되거나 대문짝만하게 조간신문에 나와도 좋으련만. 유감스럽게도 희망사항에 그칠 것 같다.

가벼워지기

생을 다한 잎들이 시원을 향해 사뿐히 몸을 날린다. 그 춤사위가 깃털처럼 가볍다. 내 생 끝자락도 저 갈잎처럼 미련없이 떠날 수 있을까. 언젠가는 주변의 모든 것들과 작별해야 한다. 그런데도 내 것이라는 소유의 집착에서 벗어나지 못하고, 여전히 채우는 일에만 마음을 쏟으며 살아온 날들이 아니었나 싶다. 지인의 갑작스런 죽음을 접한 이 가을, 어느 때보다 얽매이고 있는 것들로부터 자유로워지고 싶은 마음이다.

해마다 옷장정리를 한다. 그러나 막상 버리려고 하면 주저하게 되는 것이 옷이다. 장 안에는 품위유지를 빌미삼아 고가의 값을 치른 옷에서부터 유행이 한참지난 옷들이 빼곡하다. 어려운 시대를 살아온 세대인 나의 용기 없는 결단력도 그렇지만, 나이 들면서 새 옷을 사기보다는 있는 것을 활용하자는 그럴싸한 구실이 더해진 탓이다.

"알몸으로 태어나 옷 한 벌을 건졌으니 수지맞는 장사가 아니냐."는 노랫말이 있다. 그에 비하면 수지정도가 아니라 거의 횡재 수준에 가깝다. 그런데도 계절이 바뀔 때면 선뜻 입고 나설 옷이 마땅치가 않다. 3년이 지나도록 입지 않는 옷은 옷장에서 내보내야 한다는 지인의 말이 생각나, 이참에 자리만 차지하고 있는 묵은 옷들을 과감히 정리하기로 했다.

모든 것이 풍요로워진 요즘은 옷이 해져서 못 입는 것이 아니라, 유행이 지났거나 싫증이 나서 새 옷을 마련한다고들 한다. 그러니 다른 사람이 입던 옷을 누가 입으랴 싶은데, 아파트 동마다 헌옷 수거함이 비치되어 있다. 나라가 어렵던 지난날 우리보다 잘 사는 나라에서 구제품으로 헌옷들을 보내왔듯이, 이제는 우리나라도 버려지는 옷들을 모아 어려운 나라에 보낸다고 하니, 쓰레기통에 버리기에는 아까운 옷들은 모두 수거함에 넣었다. 시작이 반이라고 미루지 않고 실행에 옮기고 나니, 헐거워진 옷장만큼이나 마음이 한결 여유롭다.

그릇도 유행을 탄다. 내친김에 부엌 살림살이도 선별해야겠다. 그때그때 소용에 따라 사들인 주방기기들이긴 하지만, 한 번도 쓰임을 받지 못한 장식장의 그릇들이며, 종류에 따라 진열된 생활용기들이 쇼윈도의 마네킹처럼 보여주기식 임무를 충실히 수행하고 있다. 제 아무리 모양새가 좋은 것일지라도 세월이 내려앉은 것들은 새것이 주는 산뜻함에는 미치지 못한다. 특별한 날이 아니면 매번 식탁에 오르는 그릇들은 실용이라는 한정된 범위를 크게 벗어나지 않는다. 긴히 필요한 것들만 남겨두고 쓰임을 받지 못하는 그릇들은 골라내어 주방수납장도 가벼워져야겠다.

가장 결단을 더디게 만드는 수석들은 어찌해야 할까.

수십 년 동안 탐석활동을 하며 모아놓은 것들이다 보니 저마다 추억이 담겨있긴 하지만, 분명한 것은 본래 내 것이라 할 수 없는 자연의 일부이고, 돌이 살아낼 그 영원성에 비해 나는 잠시 즐기다 떠날 존재이다. 이것과도 미구에 이별을 준비해야 하는데, 돌이 건네는 묵언에 마음귀가 열리지 않은 탓인지. 이 일만큼은 선뜻 실행에 옮기기가 쉽지 않을 것 같다.

그동안 집안에 빈공간이 없을 정도로 정말 많이도 채워왔다. 이것들을 한데 모은다면 아마 그 중압감에 압사직전에 놓이지 않을까 싶다. 끝 간 데 없는 소유욕에 휘둘려 지내온 부질없음에 이제는 백기를 들 때가 되었다.

내 것이라 이름 붙여진 모든 것들과 홀연 헤어져야할 그날이 온다 해도, 한 생을 불꽃처럼 곱게 사르고 미련 없이 떠나는 저 갈잎처럼 가벼이 떠날 수 있도록, 이제는 준비하며 살아야 될 것 같다.

황혼 사랑

우리 아파트 3층에 팔십대 후반의 노부부가 살고 있다.

십여 년 전만 해도 할머니는 정정하셨다. 어쩌다 마주치면 말없이 미소만 짓던 할머니와는 달리 할아버지는 괄괄한 성격이라 참 조화로운 부부라는 생각을 했다. 지난봄 거동이 불편한 할머니가 휠체어에 앉아 단지 내를 산책하는 모습을 보았는데, 한동안 보이지 않는다 싶더니 문밖출입이 어렵게 됐다는 소문이 들렸다.

승강기 안에서 할아버지를 만났다. 여러 개의 반찬통이 들어있는 투명비닐 백을 들고 있다. 할머니의 안부를 묻자 입원해 있는데, 병원음식이 입에 맞지 않는다고 해서 반찬을 만들어 가지고 가는 중이라고 한다.

"자녀분이 와 계신가요?"

"모두 외국에 나가 있고 자기들 살기도 바쁜데요. 뭐. 내가 만들었지요."

자기 한 몸 건사하기도 힘들 연세인데 손수 반찬을 만들었다니, 혹시 전직이 요리사였나. 백발인 할아버지의 모습과 대비되는 반찬 만들기가 쉽게 연상이 되질 않는다. 무더운 날씨에 연신 합죽선을 흔들며 걸어가는 뒷모습을 바라보면서 놀라움과 안쓰러움이 교차한다.

어제는 양손 가득 비닐 꾸러미를 든 할아버지를 길에서 만났다. 전철을 타고 하나로 마트에 가서 장을 봐가지고 오는 길이란다. 운동 삼아 가까운 거리에 시장을 두고도 먼 곳까지 간다며, 과일과 야채가 아주 싱싱하고 많이 싸더라는 귀띔까지 해준다. 수십 년을 주부로 살아온 나도 부엌일이 점점 버겁게 느껴지는데, 반찬까지 만들어 나르는 아내의 병수발을 당연한 일로 받아들이는 저 긍정의 마음은 평생을 함께한 반려자에 대한 연민 때문일까. 그날 할아버지는 할머니가 다시는 집으로 돌아올 가능성이 없다는 근황도 담담히 들려줬다. 이별을 준비하는 할아버지의 병원출입이 언제까지 이어질는지. 아내를 향한 지아비의 지극한 헌신이 숭고하다.

일생을 한 남자 한 여자가 만나 부부라는 이름으로 살아가는 일이 그리 행복하기만 하겠는가. 그렇다고 말할 사람이 과연 얼마나 될까. 나 역시 남편을 만나 가정을 이루고 자식들 낳아 기르며, 그것이 인연이고 사람 사는 일이려니 생각하며 살아왔다. 그런 우리 세대의 보편적인 가치관이 점점 자기중심인 행복추구 쪽으로 기울다 보니, 건강할 때나 병들 때나 변함없이 사랑하겠다던 결혼서약이 효력을 잃어가는 요즘이라, 할아버지의 순애보 같은 사랑이 더욱 가슴 뭉클한 감동으로 다가온다.

죽음에는 순서가 없다. 아무리 금실이 좋은 부부라 할지라도 한날한시에 떠날 수는 없다. 일생을 짝이 되어 살다가 어느 한쪽이 먼저 떠나게 되면 남겨진 한쪽이 살아낼 막막한 세월이 남의 일 같지가 않다. 가부장적인 생활에 길들여진 남편은 매사를 스스로 하는 것보다 해주는 것에 익숙해 있다. 그러니 단둘이 살다 만약 내게 변고라도 생겨 홀로 남게 된다면 집안일에 어두운 남편이 어떻게 감당해낼는지. 혹시 남편이 아프기라도 해서 기약도 없는 간병을 해야 된다거나, 날마다 반찬을 만들어 병원을 오가는 일이 내게 생긴다면 어찌 될지. 준비하고 맞이하는 병고는 없다. 불확실한 미래를 생각해 단단히 마음 무장을 해야 할 것 같다.

할아버지의 반찬 나르기는 여름을 지나 가을인 지금도 계속되고 있다. 매일 11시 경이면 어김없이 한손에는 지팡이를 다른 손에는 반찬통이 든 비닐 백을 들고 병원으로 간다. 날마다 무슨 반찬을 만들어 아내의 떨어진 식욕을 돋워줄까. 남편의 사랑이 담긴 음식을 먹으며 육신의 고통을 위로 받게 될 할머니 모습을 그려본다. 가슴이 먹먹해지는 풍경이다.

그렇게라도 할머니가 곁에 있어주니 감사하다는 할아버지의 애틋한 황혼사랑이 곱게 물든 만추의 빛깔보다 더 아름답게 느껴진다.

그가 보고 있다

현관문을 나서 승강기를 탄다. 매의 눈으로 그가 보고 있다. 시선처리에 난감함을 느낀 나는 반사적으로 그에게 등을 보이고 선다. 매번 의도하지 않은 일의 반복이다. 밀폐된 공간의 어색함을 면벽으로 모면하려는 내 마음을 그에게 들킨 기분인데다, 익숙해지는 아파트 생활과는 달리 출입을 늘 감시하는 일방적인 그의 시선이 불편하고 계면쩍다.

주민의 안전을 위한다는 명분을 내세운 그의 눈이 간격을 두고 임무수행중이다. 통과시간이며 옷매무새까지 내 모습이 여과 없이 찍히고 있다. 지하철과 연결된 백화점 안으로 들어

선다. 다양한 사람들이 모이는 장소이다 보니 예측불허의 상황이나 도난을 방지하기 위해 얼굴 없는 눈들이 고객의 분주한 움직임을 살피느라 눈을 부릅뜨고 있다. 경계심이 가득한 눈초리로 그가 고객의 행동반경을 훔쳐보고 있다는 사실을 모를 리 없는데도 어느 누구도 개의치 않는다. 그러려니 잘 적응되어진 모습이다.

그가 또 전철 승강장 앞에 서 있는 나를 보고 있다. 환승역을 오르내리는 에스컬레이터를 탈 때도 개찰구를 통과할 때도 마치 따라다니듯 그가 보인다. 약속장소인 음식점에도 식사 후에 들른 찻집도 어디든 그의 시선에서 자유로울 수가 없다. 집을 나서는 시간부터 어떤 교통편을 이용하고 누굴 만나 무얼 하는지 세세한 부분까지 감시당하고 있다. 그렇다고 사생활 침해라든가 내 기분 따위는 아랑곳하지 않는다고 하소연할 처지도 못된다. 그의 눈이 닿지 않는 사각지대라도 가게 되면 긴장을 늦출 수 없는 불안감이 슬그머니 드니 말이다

지하주차장에서 느끼는 그의 존재감은 밖에서와는 사뭇 다르다. 희미한 형광불빛 아래 자동차들이 졸고 있는 넓은 주차장에 들어서면 대낮인데도 서늘한 기운이 감돌고, 울리는 발

자국소리에도 민감하게 반응한다. 가끔 일어나는 불미스러운 사건이 불현듯 떠오를 때면, 누군가 은밀히 나를 지켜보고 있을지도 모른다는 생각에 자동차문을 열고 자리에 앉기 바쁘게 잠금장치부터 누르게 된다. 군데군데 설치해 놓은 '감시카메라 작동 중' 문구에 비로소 느끼게 되는 안도감. 그의 눈을 바라보는 지상과 지하에서의 엇갈린 심사다.

그는 내 집에 드나드는 객이나 아들들, 손자손녀 며느리의 얼굴도 척척 알아보고, 어느 자식이 부모 뵈러 자주 드나드는지 공경의 마음까지도 가늠하지 않을까 싶다. 내가 며칠씩 문밖출입을 하지 않으면 무슨 일이라도 생긴 건 아닌지 궁금해할 것 같다는 뜬금없는 생각이 들어 미소도 짓게 한다. 어쩌다 내 행적이 밝혀져야 할 상황에 놓인다면 퍼즐을 맞추듯 추적이 용이한 그의 보호를 받고 있다는 게 한편으론 고맙기도 하다. 그러니 원치 않아도 불철주야 친절한 지킴이 역할을 해주는 경비카메라인 그에게 감사해야할 것 같다.

그의 시선과 마주치는 일이 난처해 등을 보일 것이 아니라 위기를 막아줄 든든한 감시자로 여겨 자연스럽게 눈 맞춤하며, 희로애락이 확연히 드러나는 내 얼굴을 보는 그에게 상상의 날개를 달아줘야겠다.

소리로 느끼는 세상

시각장애용 단장의 감촉에 집중하며 한 발 한 발 조심스럽게 내딛고 있는 맹인을 길에서 만났다. 어딜 가기 위해 칼바람 부는 밤길을 나선 것일까? 빛을 잃은 사람에게 밤과 낮의 경계가 있을 리 없겠지만 위태롭게 걸음을 옮기는 그의 뒷모습에 내 시선이 멈춰있다.

어쩌다 시력을 잃은 것일까. 선천적 장애인가 아니면 불의의 사고나 합병증 때문인가. 인도가 끝나는 지점의 건널목을 느리지만, 방향감각을 유지하며 무사히 건너는 것으로 보아 초행길은 아닌 것 같아, 조금씩 멀어지는 그에게 등을 돌리고 걷는다.

아파트입구 화단에 장식해 놓은 트리의 불빛이 오늘따라 보석을 깔아놓은 듯 영롱하게 반짝인다. 저 아름다운 빛도, 철따라 자연이 만들어내는 온갖 색깔도 보지 못한 채 칠흑 같은 어둠 속에 갇혀 지내는 맹인의 일상이 얼마나 갑갑하고 고통스러울까 싶어, 가로등 아래 곧은길을 잠시 눈을 감고 걸어본다. 몇 걸음도 못가 이내 눈을 뜨고 만다. 한결 밝아진 사위를 바라보며 너무 익숙해 당연한 것처럼 잊고 지내온 빛의 소중함을 깨닫는다.

불행은 예고가 없다. 영혼이 맑고 호소력 짙은 노래를 부르는 어느 가수는 자전거에서 넘어져 실명하게 되었고, 맹인들에게 삶의 의지와 희망을 북돋워주던 강영우 박사는 어릴 때 축구공에 맞아 두 눈을 잃었다. 자신의 뜻과 무관하게 찾아오는 운명적 회오리가 어느 날 홀연 불어 닥칠지 모르는 미지의 길을 우리는 가고 있다.

보고, 듣고, 말하지 못하는 삼중고의 장애를 딛고 인생을 성공적으로 살다간 헬렌 켈러 역시 생후 19개월에 열병을 앓아 실명하게 되었다. 그런 그녀의 간절한 소망은 '3일만 볼 수 있다면'이었다고 한다.

첫째 날은 그의 인생을 변화시킨 스승 설리번의 얼굴과 아름다운 꽃과 풀, 빛나는 노을이 보고 싶고, 둘째 날은 새벽에 일어나 먼동이 떠오르는 광경과 저녁하늘에 영롱하게 빛나는 별들을 보고 싶고, 셋째 날은 아침에 부지런히 출근하는 사람들의 활기찬 모습과 저녁에 화려한 네온사인과 쇼윈도의 상품들을 구경하고 싶었다. 정상인들이 무심코 지나친 것들의 아름다움과 그 가치를 일깨워주는 그녀의 이루지 못한 꿈은, 볼 수 없는 세상에 대한 애절한 동경이자 빛을 잃은 사람들의 염원을 대변해주고 있다.

저녁식사를 하던 중이었다. 갑자기 정전이 되어 단지 내 아파트가 암흑천지로 변했다. 일순 모든 것이 정지된 상태다. 고장 난 전선을 복구하는 중이라는 관리실 안내방송이 나온다. 느긋하게 기다릴 수 없어 더듬더듬 성냥을 찾아와 초심지에 불을 붙이는 순간 작은 불꽃이 실내의 어둠을 밀어내준다. 빛이 없는 일상이란 생각만으로도 두렵다.

볼 수 있다는 것은 얼마나 큰 축복인가. 자연이 베푸는 무상(無償) 빛의 은총을 누리고 살면서도 마음의 눈이 어두워 정작 보아야할 것을 놓치고 사는 것은 아닌지.

정전으로 일손을 멈추고 앉아있던 30여 분의 기다림은, 주변에 존재하는 모든 것들을 오직 만짐과 소리로만 느껴야 하는, 시각장애인의 안타까운 처지가 새삼 헤아려졌다.

추억을 캐다

여행 가방을 챙긴다. 1박 2일의 여정이다. 갯벌에서 바지락을 캐자는 의견을 내심 반긴 터라, 먼저 바닷바람을 막아줄 작업복부터 준비한다. 호미와 장화, 고무장갑도 함께 넣는다. 백마강에서 엄마와 조개를 잡던 오래된 기억들을 떠올리느라 간밤 잠까지 설쳤다. 비가 그칠 기미를 보이지 않는다. 남편은 빗길여행이 걱정된다며 괜한 짐이 될 장화와 호미는 두고 가라지만, 서둘러 갯벌로 달려가고 있는 마음이라 귀담아 들릴 리가 없다.

약속장소에서 일행을 만났다. 모두들 가벼운 차림이다. 유독 큰 내 가방을 보며 가출한 여인 같다며 놀린다. 갑자기 추워진 날씨에 비까지 내리는데 바지락 캐기가 가당키나 하겠냐는 뜻일 게다. 유독 나만 준비물에 충실한 꼴이 되다보니 열없고 머쓱해진다.

내 고향 부여는 백마강이 감싸 흐른다. 어릴 적 백마강은 민물조개인 재첩이 많이 잡혔다. 강을 지척에 두고 살았던 나는 그 강에서 조개를 잡던 추억을 보물처럼 간직하고 있다. 엄마는 허리까지 차는 물살을 견디며 고무래모양의 소쿠리로 강바닥의 모래를 훑듯 퍼 올려 조개를 잡았다. 조개가 많이 잡히는 계절은 온 동네 사람들이 반짝이는 강물에 몸을 담그고 점점이 떠다녔다. 나는 엄마가 물 밖으로 나오기를 기다리는 동안 군데군데 모래밭에 나있는 조개의 작은 숨구멍을 파내 그 속에 들어있는 조개를 잡았다. 강변 백사장은 엄마를 따라온 아이들의 놀이터였다. 하얀 백사장을 도화지삼아 그림을 그리거나, 옹기종기 모여앉아 누가 더 큰 집을 짓나 손등 위에 젖은 모래를 덮어 두꺼비집을 만들고 둥그런 모래성도 쌓았다. 그러다보면 기다리는 지루함을 느낄 틈이 없었다.

아지랑이 핀 봄날, 함지박 가득 담긴 조개를 머리에 인 엄마 뒤를 따라 드넓은 대왕벌을 지나 집으로 가는 길가엔 자운영 꽃이 지천으로 피어 있었다. 엄마는 변덕스러운 봄바람을 여우바람이라 했다. 그 여우바람이 부는 날이면 보랏빛 자운영 꽃이 물결처럼 흔들렸다. 내 유년의 감성을 키워주던 고향의 너르고 푸른 들판이 봄이면 어김없이 싸한 그리움을 몰고 온다.

엄마는 잡아온 조개로 다양한 음식을 만들어 상에 올렸다. 조개를 삶아 뿌옇게 우러난 국물에 야채를 넣고 된장을 풀어 끓인 된장국, 새콤달콤한 조갯살무침, 밀가루반죽을 손으로 뚝뚝 떼어 넣고 만든 재첩수제비 등 가물가물 기억 저편으로 사라져가는 엄마의 손맛이 사뭇 그립다.

금강하구 둑 공사로 백마강 물줄기가 옛 모습을 잃었다고 한다. 변한 것이 어디 강물뿐이랴. 이젠 엄마얼굴도 희미해져 가고, 문득 문득 그리움 속에서나 만나던 엄마였는데, 안면도 바닷가에서 바지락을 캐듯 세월 속에 묻혀버린 엄마와의 추억을 캐낸다.

비 개인 몽산포바닷가에서 일몰을 바라본다. 붉은 태양이 먹구름 사이로 숨바꼭질을 한다. 멀리 수평선 위로 젊은 날 엄마 얼굴이 아롱거린다. 백사장을 거니는 단발머리 어린 소녀도 보인다. 바다로의 여행을 준비하면서 줄곧 내 마음속에 자리했던 엄마를 서해바닷가에서 가슴으로 만나고 있다.

석양이 지고 어둠이 내린다. 검푸른 파도가 철썩대며 다가와 포말로 부서진다. 땅거미 지는 어스름이면 지병처럼 도지는 허무감이 밀려든다. 아무도 없는 백사장에 나 홀로 남겨진 듯 가슴이 시리다. 잡을 수 없는 지금이라는 시간과의 이별, 엄마가 머물다간 지난날처럼 지상에서의 나의 하루가 과거라는 시간 속으로 빠르게 흘러가고 있다.

그 밤의 유혹

애석인을 곧잘 바람둥이에 빗댄다.

맞는 말이다. 새로운 돌에 늘 갈증을 느끼는 마음이 허기진 사람들이 바로 애석인이다. 나 또한 그런 욕망을 선뜻 내려놓지 못하는 바람둥이에 속한다. 자연이 만든 것이라 같은 것이 없다고, 그럴듯한 구실을 내세워 산지가 어디든 마다하지 않고 찾아다닌다.

그 바람둥이들과 떠나는 겨울 탐석여행이다. 목적지 울산에 도착하니 빗줄기가 세차다. 비가 오는 날은 돌이 더 잘 보인다며 애써 아쉬운 마음을 달래며 주전 바닷가로 갔다. 성난 파도가 비명을 지르며 육지의 모든 것을 삼켜버릴 듯 무섭게 달려든다. 휘몰아치는 비바람은 가만히 서 있기도 힘들 정도다. 이런 날 무슨 탐석이란 말인가. 망설임도 잠시 모두들 까만 돌들이 펼쳐진 바닷가로 서둘러 내려선다.

몸이 균형을 잃고 흔들린다. 강풍을 이기지 못한 우산도 몇 차례 뒤집히더니 그만 무용지물이 되고 만다. 앞으로 나아가기조차 어렵다. 비에 젖은 옷도 신발도 물기로 흥건하다. 더는 탐석이 불가능했다. 모두들 백기를 들고 패잔병처럼 물러선다. 오랜 애석생활 중 바다탐석은 이번이 두 번째다. 막연한 기대감을 갖고 찾아온 나로서는 호된 신고식을 치른 셈이다.

일행은 돌밭이 훤히 내려다보이는 바닷가 펜션에 여장을 풀었다. 그곳은 소품 중심인 주전산지 중에서도 큰 돌들이 몰려 있는 곳이다. 창문을 열고 돌밭을 바라본다. 빗물에 말끔히 몸을 씻은 돌들이 윤기 흐르는 자태로 시선을 잡아끌었지만 탐석은 엄두조차 낼 수가 없다.

어둠이 내리기 시작하면서 언제 그랬냐는 듯이 비는 그쳤지만, 파도는 여전히 분을 삭이지 못한 짐승처럼 달려와 돌밭에 하얀 몸을 부리며 괴성을 토해낸다. 거친 물살에 몸을 맡긴 돌들이 구르며 끊임없이 쏟아내는 코러스는 바다가 내게 들려주는 엄한 화두 같다. 멀리로 시커먼 수평선 위에 점점이 떠있는 불빛들도 망망대해라는 고독감과 겹쳐 언뜻언뜻 두려움으로 스쳐 지난다.

밤이 깊어갈 무렵, 동행한 허기수, 오기용 두 아우가 희미한 가로등 불빛이 비추는 돌밭에서 야간 탐석을 하자며 나를 밖으로 불러냈다. 의기투합한 우리는 뭔가의 강한 유혹에 이끌린 듯 밤바다를 배경으로 움직이는 물체들이 되어 돌밭에 생경한 풍경을 만들어내고 있다. 오직 감각에만 의지한 채 수없이 많은 돌을 들었다 내려놓기를 반복하며, 물기 머금은 돌들이 불빛에 반사되어 나타내는 그 묘한 아름다움에 깊이 빠져들었다. 그렇게 얼마의 시간이 지났을까. 낮도 아닌 야밤에 도대체 이게 무슨 짓인가 하는 평정심이 번쩍 들었다. 누가 이 광경을 보고 있다면 분명 돌에 미친 사람들이라고 혀를 내두를 일이다. 미쳐도 단단히 미친 구제불능의 사람들이라고 한들 변명할 여지가 없지만, 못 말리는 바람둥이들과 야밤탐석이라는 특별한 추억을 공유하게 되었으니 이 어찌 행복한 몸짓이라 아니하겠는가.

그 밤에 눈썰미가 매서운 허기수 아우가 해학적인 미소가 일품인 손바닥 크기의 인상석과 극적인 해후를 했다. 억년을 기다려온 시절 인연이 닿으려고 먹빛돌밭으로 우리를 불러낸 것이 아닌가 싶다. 이튿날 물기마른 돌밭은 어젯밤에 본 그런 유혹의 장소가 아닌 몽돌 밭이었다.

아무렴 어떤가. 우리네 살아가는 일이 끊임없이 밀려왔다 사라지는 저 포말 같은 것이라는 대자연이 안겨준 깨우침만으로도 충분한 것을….

늘 푸른 정원

가끔 옛집 나선형 계단을 오르내리는 꿈을 꾼다.

관리하기 버겁다고 떠나온 지 십 수 년이 지났는데도 꿈은 언제나 현실처럼 선명하다. 내 의식 속에 여전히 생의 황금기를 보낸 옛집에 대한 미련이 남아있는 게 아닌가 싶다.

정원은 잔디가 깔리고 계절마다 다른 꽃이 피어났다. 가을이면 대추, 모과, 석류, 감을 따 이웃과 추수의 기쁨을 나누곤 했다. 담쟁이 넝쿨이 기세 좋게 영토를 넓혀가는 창가에 시샘하듯 능소화가 등불을 밝히는 거실에서 차를 마시고 음악을 들었다. 더없이 편안한 일상이었다. 그러나 아이들이 성장해 차례로 유학을 떠나고 남편과 단둘이 남게 되면서 대를 이어 살아 가리라던 결심이 흔들렸다.

결혼 후 종암동 언덕배기 전셋집에서 신혼살림을 시작했다. 큰애가 태어날 무렵 성북구 송천동에 내 집을 마련했다. 그곳에서 세 아들이 태어났다. 시멘트 포장인 비좁은 마당은 세 아들을 번번이 골목으로 내몰았다. 동네 꼬마들 재잘거림으로 하루가 시작되고 끝나던 골목은 아이들 놀이터였다. 세발자전거도 늘 그 골목에서 탔다. 마당은 작았지만 등나무가 대문기둥을 타고 올라 푸른 잎을 틔우고 보라색 꽃을 주렁주렁 늘어트리는 계절이면 그런대로 운치가 있던, 세 아들의 유년기 추억이 서린 집이다. 아이들이 자라면서 자연스럽게 넓은 마당이 있는 집을 동경하게 되었다. 그 꿈을 이루기 위해 남편과 구체적인 계획을 세워나갔다. 우선 살던 집을 팔았다. 그 돈으로 땅을 구입한 후 전셋집을 전전했다. 머지않아 넓은 내 집을 가질 수 있다는 생각에 불편함도 기다림도 참을 만했다.

큰아들이 초등학교에 입학할 무렵 우리 가족은 수유동 양지바른 언덕 위에 넓은 잔디마당을 가진 새집으로 이사했다. 다양한 유실수가 열매를 맺고 사철 푸른 관상수가 자라는 정원으로 꾸미기 위해 온갖 정성을 다했다. 빨간 벽돌에 나선형계단이 있는 그 집은, 1층 그리고 2층에 복층이 있는 3층집으로 단독이지만 아파트 같은 분위기를 가진 건물로 한 현관을 이용하면서도 독립된 출입구가 있게 설계했다. 그 시절은 장남이 결혼하면 당연히 함께 살 것이라는 생각을 했기 때문이다. 층마다 벽난로를 들이고 현대식 인테리어로 한껏 멋을 낸 실내장치로 인해 아름다운 집으로 소문이 났고, 주위사람들로부터 부러운 시선을 받기도 했다.

1층은 아이들이 2, 3층은 우리 부부의 공간으로 사용했다. 내가 수집한 수석들로 꾸며진 3층은 창을 열면 북한산의 사계가 한눈에 조망되었다. 옥상 한쪽에 흙을 올려 꾸민 텃밭에는 상추며 고추, 부추가 무성하게 자라 신선한 야채를 상에 올리며 고향집 향수에 젖어들곤 했다. 애석생활에 맞게 꾸민 계단식 발코니엔 하늘바라기를 하고 있는 수석들이 호수의 물줄기로 몸을 씻는 양석장이 있고, 완자창으로 달빛이 스며드는 밤이면 석실이 한층 고풍스러운 분위기를 연출하던 그런 집이었다.

당시 고급 주택지로 소문난 우리 마을은 유독 도둑의 침입이 잦았다. 옆집도 뒷집도 강도가 들어와 사람을 묶어 놓고 귀금속을 털어 가는가 하면 가까이 지내던 이웃주부가 대낮에 강도의 칼에 찔려 목숨까지 잃는 일까지 일어났다. 우리 집도 예외는 아니었다. 경보시스템을 해놓았지만 무용지물이었다. 잠시 외출한 사이에 문을 부수고 들어와 온 집안을 아수라장으로 만들어 놓았다.

한 번은 열린 2층 창문을 닫으려고 하는데 베란다에서 웅크리고 있던 도둑과 눈이 마주쳐 기겁을 했다. 남편이 회사에 가면 늘 혼자 있게 되니 큰집은 편안한 안식처가 아니라 생명의 위협까지 느껴지는 공간으로 변해갔다. 초인종이 울리거나 외출했다가 혼자 집에 들어가려면 겁부터 났다. 아이들이 있는 외국이라도 다녀올 일이 생기면 장기간 비어놓을 집이 문제였다. 갈수록 큰집이 버겁게 느껴지고 힘든 줄 모르고 가꾸고 다듬어주던 정원의 잔디 손질도 어느 날부턴가 즐거움이 아니라 노동으로 느껴졌다. 결정적으로 마음이 흔들린 것은 부모와 함께 살지 않으려는 세태의 흐름이다.

결국 대를 이어 살겠다던 꿈은 실현되지 않은 채 그토록 애착을 가졌던 보금자리를 팔고 아파트로 옮겨왔다. 이사한 뒤 한동안은 집이라는 굴레에서 벗어난 해방감에 젖어 지냈다. 외출도 여행도 나를 자유롭게 하는 아파트생활이 편리했다. 그렇게 세월이 십 수 년이 흘렀다. 다시 예전으로 돌아가라면 손사래를 칠 게 분명한데도 더러는 정원의 흙냄새가 그리워지고, 석실의 나선형 계단을 오르내리던 내 젊은 날 모습을 꿈속에서 만난다.

스마트폰 따라잡기

드디어 스마트폰을 갖게 되었다.

디지털세대도 그렇다고 아날로그세대도 아닌, 엉거주춤 세대인 나는 이 질주의 대열에 동승하지 않으면 영영 낙오자가 될 것 같아 내심 불안을 느껴왔다.

사람이 많이 모인 자리에 가거나 전철을 타게 되면 주위를 의식하지 않은 채 저마다 손에 든 스마트폰 속 세상에 빠져 있다. 이 자연스러운 풍경은 구식 휴대전화를 소지한 사람은 홀로 미아가 된 기분이고, 아직 접해보지 못한 세계인 그 정보의 바다를 자유롭게 유영하는 사람들 틈에서 변하지 않으면 안 될 것 같은, 선호해온 느림이 더는 변명이 될 수 없는 현실과 직면하게 된다.

나이 들수록 복잡한 것을 멀리하고 단순하게 살겠다던 마음이 흔들리기 시작한 것은 손자손녀들이 아이패드를 들고 온 지난 설 명절부터다. 몇 달 전까지만 해도 TV속 만화나 어린이용 프로를 보려고 하는 바람에 어른들이 보고 싶은 프로가 있어도 시청을 포기하곤 했다. 그러던 손주들이 놀라운 집중력으로 아이패드를 갖고 노는 재미에 빠져 TV는 관심 밖이다. 아직 내겐 생소한 기기를 자유자재로 다루는 모습을 지켜보면서 경이로움과 동시에 격세지감이 들었다.

다기능을 갖춘 아이패드 안에는 글로벌시대에 맞는 다양한 교육프로그램과 필요에 따라 다운받았다는 각종 어린이용 게임들이 저장되어 있어, 마법 상자처럼 호기심 많은 아이들의 마음을 사로잡는다. 또래들과 어울려 맘껏 뛰어놀아야할 아이들이 문명의 혜택이라는 틀 안에 고립되어 가는 것은 아닌지, 컴퓨터게임이나 아이패드 같은 것에 중독되면 게임 속 세상과 현실을 구별하지 못하는 정신적 후유증을 우려하던 뉴스가 마음에 걸리긴 하지만, 그렇다고 시대의 흐름을 외면할 수도 없는 일이다.

둘째아들이 글을 쓰는 엄마를 위해 언제든 떠오르는 생각을 바로 기록해 저장할 수 있는 다기능을 갖춘 스마트폰을 선물로 들고 왔다. 첨단 프로그램이 내재된 스마트폰을 받아든 순간 어려운 시험지를 풀어야 하는 학생처럼 난감했다. 그런 내 마음을 알아챈 아들은 장난감이라 생각하고 한 달쯤 갖고 놀다보면 스스로 터득하게 될 것이라는 말만 남기고 휙 가버렸다. 깨알 같은 설명서는 읽어도 쉽게 이해가 되지 않았다. 속도감에 둔한 손놀림도 번번이 진행을 가로 막았지만, 시행착오를 거쳐 하나하나 터득해가는 재미도 쏠쏠했다.

이젠 좋아하는 음악도 다운받아 듣고 유튜브로 보고 싶은 동영상도 찾아 감상하고, 카톡이나 동아리모임인 밴드(band), 내 스토리에 글을 올리면 즉시 소감을 다는 지인들에게 응대의 글도 쓴다. 다들 바쁘게 지내다보니 특별한 일이 있어야 만나게 되는 그리운 피붙이들도 수시로 문자메시지며 사진을 주고받다 보니 떨어져 있다는 아득함도 덜하다. 스마트폰을 쓰면서 달라진 가족 간의 자연스러운 소통이다. 이는 곧 단축이자 가까워짐이다.

왜 사람들이 세상을 혁신시킨 스티브잡스의 창의성에 그토록 열광했는지 알 것 같다. 점점 새로운 것을 원하는 현대인들의 욕구를 충족시켜 주기 위해 가속페달을 밟아대는 미래는 과연 어떤 모습으로 진화해 갈 것인지. 생활 속에 파고든 스마트폰에 어느새 나도 깊이 빠져있음을 감지하고 흠칫 놀란다.

관심을 유도하듯 수시로 보내오는 스마트폰의 신호음에 반사적으로 응하고 있는 나를 느낄 때면, 분주함에서 한발 비껴나 사유하는 삶이 주던 지난날의 한유가 그리워지기도 하지만, 군중 속의 고독을 느끼던 예전과는 달리 더불어 살아가고 있다는 소속감을 안겨주는 스마트폰, 그 변화의 중심 속으로 들여놓은 발을 빼기란 아무래도 쉽지 않을 성싶다.

빛나는 조연

흔히들 인생을 각본 없는 드라마라고 한다.

우리는 이 드라마 같은 인생을 살며 만남과 헤어짐을 반복하고 있다.

긴 여정 길을 돌아보면 사람과 사람 사이의 만남이 우연인 것 같아도 잘 짜인 각본처럼 극적이면서, 보이지 않는 어떤 섭리에 의해 이루어지는 세밀한 연결고리 같다는 생각이 들 때가 있다.

지난 내 삶의 무대에 올랐던 수없이 많은 인연들 중에는 잠시 머물다 떠나는 바람 같은 사람이 있었는가 하면, 있는 듯 없는 듯 자신을 드러내지 않으면서도 변함없이 곁을 지켜 주는 그림자 같은 사람도 있다. 그런가하면 예기치 않게 다가와 상처만 남기고 떠나는 불청객도 있었다.

고요한 호수에 태풍 같은 회오리를 일으키며 나를 혼란에 빠트리던 그도 불청객이었다. 그러나 더 큰 삶의 의미를 안겨 주는 내 인생무대에 조연 같은 인연을 만나게 되는 극적인 반전을 안겨준 사람이기도 하다. 만약 불청객 그가 내게로 오지 않았다면 빛나는 조연인 그를 영영 만날 수 없었을지도 모른다. 원치 않았던 등장인물로 인해 만나게 된 그 인연으로 인하여 누리게 되는 기쁨들. 어찌 불청객이었던 그를 이해하고 너그러워지지 않을 수 있으랴.

인연 따라 오고 가는 참으로 마법 같은 인생사, 잠시 왔다가 바람 같이 떠난 인연이라고 아쉬워할 일도 아니고, 그림자처럼 머물다 사라질까 조바심 대거나 잡아두려고 할 일도 아니다. 만남도 헤어짐도 모든 것을 삶의 흐름인 순리에 맡기고, 열린 마음으로 살다보면 시절인연은 언제든 만나게 된다는, 오랜 삶의 경험을 통해서 얻은 깨우침이다.

연출가가 연극을 무대에 올리기 위해선 뒤에서 수고하는 스텝들과 배역에 따라 등장하는 연기자들이 있어야 한다. 출연자들이 무대 위에서 어떻게 관중의 마음을 끌어들이는 연기를 펼치느냐에 따라 연극의 성패가 달려 있듯이, 우리내 인생이란 무대도 이와 크게 다르지 않다는 생각이다.

내 인생무대도 등장인물들에 따라 목적지의 방향이 달라질 수 있다. 그걸 모르진 않지만, 연기자의 출연결정권은 상대적인 것이지 내게만 주어지는 것은 아니다.

돌아볼 일이다. 나는 주변사람들 무대에 오르게 될 어떤 연기자로 준비되어 있는지. 조연이든 엑스트라든 나에겐 선택권이 없다. 그러니 나를 그들의 인생이란 무대에 올리고 싶어지도록, 내면을 더욱 아름답고 성숙하게 가꿔가야 될 것 같다.

어느 날엔가 연륜이 쌓인 연기력을 인정받아 그들의 각본 없는 인생 드라마 무대에 함께 서게 된다면, 나도 하이라이트를 장식할 수 있는 조연이 되고 싶다.

아버지를 그리다

- 앵두

아파트 화단에 두 그루의 앵두나무가 있다. 앵두가 익어가는 계절이면 그 앞에서 자주 걸음이 멈춰지곤 한다. 딸 사랑이 유별하셨던 아버지가 생각나서다. 고향집 뒤란은 넓었다. 크고 작은 항아리들이 옹기종기 모여 있는 장독대를 멀찍이 둘러친, 울타리 둔덕에 유난히 크고 단맛이 나던 앵두나무가 있었다. 나무는 어른 키 높이를 훌쩍 넘었다. 묵은 등걸이 실했던 나무에 봄이면 앵두가 촘촘히 달렸다. 내 손이 닿지 않는 높이의 앵두 따기는 늘 아버지 몫이었다. 언제나 대바구니를 든 어린 내 손이 무게감을 느낄 정도만 따주셨다. 수확의 즐거움을 좀 더 오래

맛보게 해주려는 마음에서가 아니었나 싶다.

키가 아버지만큼 자란 뒤로는 내 손으로 직접 앵두를 땄다. 입 안 가득 달콤함이 고이던 앵두 따기는 도시로 유학을 떠나올 때까지 이어졌다. 그런데도 앵두를 따주던 아버지와 어릴 적 모습만 아른거리는 것은 왜일까.

아버지를 불러본 지도 십 수 년이 흘렀다. 앵두나무가 있던 고향집은 오래전 헐리어 흔적이 없지만, 봄이면 아파트 화단에 심어 놓은 앵두나무 앞에서 아버지와 고향집을 생각하며 향수에 젖는다.

올해는 유난히 알이 굵은 빨간 앵두가 풍성하게 달려 있다. 마치 나를 위해 준비한 선물 같다. 앵두가 아무리 먹음직하게 익었어도 주민들은 따지 않는다. 수목 소독을 지켜본 때문이다. 관상용 이상의 의미를 부여하지 않는 것이 내겐 얼마나 다행스러운 일인지. 삭막한 도심 아파트 화단에 앵두나무를 심어 놓은 조경사, 그도 나처럼 앵두에 얽힌 사연이 있었을까. 이름 모를 이의 배려가 그지없이 고마운 봄날이다.

- 수국

고향집 마당가에 함석지붕의 우물이 있었다. 도르래를 달아 퍼 올리던 우물은 겨울에는 따뜻하고 여름에는 이가 시리도록 차가웠다. 저장 시설이 없던 시절이라 무더운 여름은 김치통도 수박도 줄에 달아 우물 속에 담가 두었다 꺼내먹곤 했다. 그 우물가엔 아버지가 만든 꽃밭이 있었다. 장미, 목단, 백합, 붓꽃, 자색밥풀꽃, 수국, 국화가 봄부터 늦가을까지 줄지어 피어났다. 아버지가 가장 좋아하던 꽃은 수국이다. 둥치가 굵고 큰 나무에 순백의 탐스런 꽃송이가 주렁주렁 달리는 밤이면 꽃밭은 수십 개의 전등을 켜놓은 듯 눈이 부셨다. 내 방이 있던 사랑채 문을 열면 그 하얀 꽃송이들이 뜻 모를 설렘을 안겨주던 그 꽃을 나도 아버지처럼 좋아한다. 어쩌다 절집 마당이나 시골길을 지나다 무리지어 피어있는 수국을 보게 되면 아버지의 꽃밭이 생각나 쉬이 눈길을 돌리지 못한다.

내 고향에서는 수국이라 부르던 그 꽃 이름이 수국이 아니라 불두화라는 것을 최근에야 알았다. 부처님 머리모양을 닮았다 해서 붙여진 불두화. 꽃 이름이 아무렴 어떤가. 내게는 아버지와 고향집을 생각나게 하는 그리움의 꽃인 걸.

- 참외

과일 중에 참외를 가장 좋아한다. 어린 시절 여름은 거의 참외로 살았다. 아버지는 문전옥답에 매년 참외를 심었다. 시원한 바람이 부는 원두막에 올라가 있으면 제아무리 무더운 여름도 거뜬하게 넘길 수 있어 좋았다. 근처 미루나무에서 들려오는 매미울음소리를 자장가 삼아 단잠에 빠져들기도 하며, 여름방학은 동생과 온종일 원두막에서 살다시피 했다.

학교에서 돌아올 때면 동네친구들을 데리고 집보다 먼저 참외밭으로 갔다. 아버지는 우르르 몰려온 친구들을 늘 반겼다. 원두막에 오른 우리는 십여 리를 걸어온 갈증을 참외로 풀었다. 더위에 달궈진 참외를 먹고 행여 배탈이라도 날까 싶어, 미리 딴 참외를 서늘한 곳에 두었다가 먹일 만큼 아버지는 자상한 성품이셨다.

아버지가 자리를 비워준 원두막은 우리들 차지가 되었다. 높은 사다리 위에 날아갈 듯 떠있는 원두막에선 깔깔거리는 아이들 웃음소리가 바람을 타고 멀리로 퍼져나갔다. 세월은 가도 추억은 남는다더니, 지금도 고향친구들을 만나면 어릴 적 원두막에서의 일들을 그립게 회상하곤 한다.

참외를 먹을 때마다 더욱 생각나는 아버지. 그 끝 간 데 없던 자식사랑이 뫼비우스의 띠처럼 다가온다.

2.

가지 못한 길

폭풍: 변시지

동 행

때로 망각하며 살아온 죽음을 가까이서 바라볼 수 있는 영화와 마주했다. 거장 미카엘 하네케 감독의 작품 '아므르'다. 팔십대인 부부는 행복하고 편안한 노후를 보내고 있었다. 그러던 어느 날 아내에게 예기치 않은 불운이 찾아왔다. 반신불수가 되어 움직이는 것도 용변처리도 스스로는 해결할 수 있는 게 아무것도 없는 처지가 되었다. 남편의 헌신적인 간호에도 병세는 점점 깊어만 갔다. 아내는 극도의 좌절감에 빠져 "인생이 너무 길다."며 병상에 누워 통증을 연신 절규하듯 쏟아낸다.

하루하루가 고통의 연속이다. 삶이 무의미하다고 느낀 아내는 급기야 곡기마저 거부한다. 회복가능성이 없는 아내를 지켜보는 남편의 심신도 날로 지쳐갔다. 결국 남편은 사랑하는 아내를 고통에서 해방시켜 주기 위해 자기 손으로 목 졸라 죽이는 극단적인 행동을 취하고 만다. 오죽하면 그랬을까. 선택의 옳고 그름을 따지기 전에 가장 인간적인 슬픈 고뇌와 맞닥뜨리게 되는 순간이다.

고통에서 벗어나 긴 안식에 들어간 아내는 이별의식을 치르듯 남편이 꽃으로 장식해준 침대 위에 성장차림으로 누워 있다. 그 모습이 더없이 평온해 보인다. 충격적이면서도 한편 고개가 끄덕여지는, 고령의 남편이 짊어지기엔 버거운 한생의 끝자락이 그렇게 조용히 막을 내린다. 영화는 평소처럼 부부가 다정하게 외출하는 장면에서 멈춰 버린다. 분명 남편도 아내 뒤를 따라 목숨을 버린 게 아닌가 싶다. 슬프도록 아름다운 동행이다.

나 역시 남편과 단둘이 살고 있다. 죽음은 남의 이야기가 아니다. 누구라도 피해갈 수 없는 길이다. 이제는 그 죽음이 내게서 그리 멀리 있지 않음을 자각할 나이가 되었다. 시작이 있으면 끝이 있듯 앞서거니 뒤서거니 언젠가는 우리 모두 떠나야 한다.

질병은 자신의 의지와는 무관하게 찾아온다. 받아들이고 싶지 않지만, 홀연 찾아와 삶을 송두리째 흔들어 놓는다. 그러다보니 만약 어느 한쪽에 감당하지 못할 일이 생긴다면 하는 가정을 해보는 것만으로도 두렵다. 의식이 없는 상황에서 산소 호흡기로 생명을 연장하는 것이나, 치매에 걸려 가족도 알아보지 못하는 상황에 놓인다면 살아있어도 사는 게 아니다. 그렇다면 떠나는 이도 보내는 이도 아쉬움을 느끼는 그쯤에서 고통 없이 생을 마감할 수는 없을까.

독실한 신앙인이었던 부모님은 생전 가장 큰 기도제목이 죽음 복을 달라는 것이었다. 그 간절함이 하늘에 닿았던지 며칠 시름시름 앓다가, 임종직전까지 또랑또랑한 총기로 유언을 남긴 뒤 편안히 떠나셨다. 사랑하는 가족에게 고통이 아닌 좋은 기억만을 남겨주고 싶은, 나 또한 그 죽음 복을 신께 기도하고 있다.

주위의 도움을 받지 않고도 어디든 가고 싶은 곳을 자유로이 다닐 수 있고, 메마르지 않은 감성으로 삶의 희로애락을 느낄 수 있는 그 어느 날엔가, 잠을 자듯이 내게 생명을 허락해 주신 이의 부르심을 받고 싶다.

마지막 몸짓

- 디스 이즈 잇

연일 퍼붓듯 장대비가 내린다. 대낮인데도 실내가 어둑하다. 햇볕이 그리워질 만큼 눅눅한 권태가 온몸을 휘감는다. 라디오를 켠다. 팝의 황제 마이클잭슨 사망일을 맞아 특집으로 그의 히트곡들이 흘러나온다. 볼륨을 높인다. 노래가 끝났는데도 애틋한 여운이 한동안 생각의 끈을 잡고 있다. 그의 부재가 도무지 실감나지 않는다.

'빌리진'의 비트가 매혹적이던 생전모습을 떠올리며, 지상에서의 그의 마지막 모습이 담긴 DVD를 사러 나선다. 월드투

어를 앞두고 비극적으로 삶을 마감한 그를 추모하기 위해 미완으로 끝나버린 공연의 리허설 장면들을 모아 만든 것이 바로 '디스 이즈 잇(this is it)'이다.

영화는 좌절의 긴 터널을 벗어나 13년 만에 지상최대 규모의 컴백무대를 준비하는 전 과정을 담았다. 음악을 몸으로 표현하는 그의 춤은 격정적이면서도 섬세하고 유연하다. 영혼 깊은 곳에서 샘솟듯 솟아나는 미성을 타고 흔드는 본능적 몸짓은 오직 그만이 보여줄 수 있는 춤의 진수다.

스텝들의 공감을 끌어내며 창의적이고 감동적인 무대를 만들기 위해 리듬이나 동작의 미세한 부분까지 온 신경을 집중하는 모습은 비장함마저 느껴진다. 뒤늦게 그의 천부적인 재능과 활화산 같은 음악에 대한 열정과 마주하며, 생전에 겪었을 허구의 멍에로 인한 정신적 고통을 가늠하게 된다. 그의 지극히 인간적인 모습을 보기 전까지 나 역시도 막연한 관념으로 이해하고 있었던 게 사실이기 때문이다.

그는 열대우림이 무분별한 개발로 훼손되는 것을 안타까워하던 자연보호주의자였다. 생명의 존엄성을 파괴하는 행위에 경각심을 불러일으키고 병든 지구를 구할 시간이 얼마 남지 않았다는 자연성회복의 강한 메시지를 마지막 콘서트에 담아냈다. 인류 모두가 지향해야 될 불안한 미래에 대한 갈망의 외침이라 큰 울림으로 와 닿는다. 상상을 뛰어 넘는 호화무대장치를 배경으로 땀을 흘리며 연습에 몰입하고 있는 그가 이제는 이 세상 사람이 아니라는 허무한 상실감에 가슴이 먹먹해진다.

그는 왜곡된 편견의 희생자였다. 타고난 음악적 우월성을 시샘하듯 반목의 화살은 자유로운 영혼을 끊임없이 억압해왔다. 아이들을 유난히 좋아하는 맑고 순수한 본성을 역이용한 아동성추행사건으로 법정에 서는 굴욕까지 당하며 자신의 명예와 도덕성에 치명적인 손상을 입었다. 결국 아이의 아버지가 돈을 받아내기 위한 거짓 증언으로 드러났지만 그로 인한 정신적 후유증은 블랙홀에 던져진 참담함이 아니었을까.

가혹한 시련은 거기서 멈추지 않았다. 현대의학으로도 치유가 불가능한 선천적 백납증이 전신에 번져 흑인이면서 백인보다 더 흰 피부로 변해갔지만, 백인을 추종하는 박피성형 중독자로 내몰려 질타의 대상이 되었다. 영감의 원천인 몸이 망가지는 좌절감을 얼마나 견디기 힘들었으면 우울증에 대인 기피

증까지 앓으며 신경안정제에 의지하며 살았을까.

상처 입은 영혼이 치유되기까지 긴 세월을 침묵하며 보낸 그는 다시금 세상과의 소통을 준비하는 콘서트에 경이로울 만큼 자신의 음악적 역량을 모두 쏟아냈다. 작사, 작곡, 노래, 춤, 무대연출에 이르기까지 다양한 장르를 섭렵한 부인할 수 없는 최고의 아티스트다. 혼신을 다하여 공연의 모든 준비를 끝낸 후 그를 도와 수고한 스텝들에게 일일이 진심을 담아 감사의 마음을 전한 게 마지막 인사가 되었다.

2009년 6월 25일. 그가 갑자기 자택에서 사망했다는 보도는 전 세계를 충격 속에 빠트렸다. 영국 공연을 일주일 앞두고 전해진 비보였다. 재기를 애타게 기다려온 수많은 팬들을 형언할 수 없는 슬픔에 젖게 한 사인이 주치의에 의한 정맥주사 환각기능마취제 과다투입으로 밝혀졌다. 실수가 아닌 의도된 타살이라는 설(說)이 있으니, 믿었던 측근으로부터 당한 어이없는 배신이다. 왜 그랬을까. 죽은 자는 말이 없고 괴이한 풍문만 무성하니 참으로 애석한 일이다.

그는 가난한 흑인들의 희망이자 우상이었다. 지난날 인종차

별과 백인 우월주의가 만연한 미국사회에서 흑인으로 태어나 팝의 황제가 된 그의 성공이 있었기에 토크쇼의 진행자로 유명한 오프라윈프리도 오바마 대통령도 존재할 수 있었다는 말이 나올 정도로 흑인의 입지를 넓히는데 지대한 영향을 끼친 인물로 평가받고 있다.

춤은 몰입이다. 몸에서 음악이 나온다고 하던 그의 현란한 춤도 감성을 끌어들이는 노래도 이제는 영상을 통해서만 만날 수 있다. 금세기 가장 뛰어난 아티스트로 엄청난 부와 명예를 누렸지만 혹독한 비난과 상처로 얼룩진 삶을 살다간 마이클잭슨. 한 시대를 열광케 했던 전설적인 인물로 기억될 그를 나 또한 마음속에 오래도록 담아둘 것 같다.

지나친 관심과 편견은 날선 검과 같다. 남들이 휘두른 칼날에 누구라도 마음을 베일 수 있으며, 나 자신도 언제든 편견의 피해자가 될 수가 있다. 살아오면서 확인되지 않은 일을 지레짐작만으로 판단하고 극단의 상황으로 몰고 가는 일에 섣부른 동조자가 되지는 않았는지 돌아볼 일이다.

가지 못한 길

파릇한 내 청춘의 날. 주위로부터 받던 관심이 달아준 날개였는지, 아니면 내 안 잠재된 끼가 동경심을 흔들어 깨웠는지 알 수 없지만, 나는 연기자가 되고 싶었다. 그러나 막연한 내 꿈이 부모님의 허락을 받아낼 수 없다는 것을 알기에 궁여지책으로 선택한 것이 국문과였다.

입학 후 같은 처지의 꿈을 가진 친구를 만났다. 서울 태생인 그에게는 J대 연극영화과에 다니는 친구들이 여럿 있었다. 그의 호방한 친화력으로 인해 학교는 다르지만 우리는 자연스럽게 어울려 지내는 날이 많았다.

강의가 없는 토요일 오후였다. 북적거리는 명동거리를 그들과 함께 거닐던 나에게 한 남자가 다가와 사진테스트를 받아보지 않겠느냐고 물었다. 그 시절 명성이 나있던 K모 영화감독이었다. 희망이란 발판을 딛고 고지를 향해 다가가던 그들에 비해, 내가 지향하고픈 그 길은 안개 속처럼 희미하기만 했는데, 그런 내 꿈을 펼칠 절호의 기회가 찾아온 것이다. 망설임도 없이 곧바로 테스트에 응했다. 환한 미소가 작품 속 배역과 잘 어울린다는 합격점을 받았다. 갑작스런 캐스팅제의에 놀란 친구들의 부러움을 한껏 받으면서도, 내게 일어난 극적인 현실이 도무지 믿어지지 않았다.

설레는 마음으로 고향의 부모님을 찾아갔다. 그간에 일어났던 일들을 소상히 말씀드리자, 당장 학업을 중단하고 내려오라는 불호령이 떨어졌다. 공부하라고 서울로 보냈지 허튼짓하라고 보낸 것이 아니라며 엄하게 꾸짖으시던 아버지는 식음까지 전폐했다. 그 길은 네가 갈 길이 아니라는 부모님의 설득은 집요했다. 완강한 반대에 부딪친 나는 선택의 기로에서 여러 날을 심한 갈등 속에 보냈다. 결국 딸의 장래를 진심으로 걱정해주는 부모님의 뜻을 따르기로 했다. 그렇게 연기자가 되려던 내 꿈은 피어보지도 못한 채 허망하게 시들어버리고 말았다. 짧은 해프닝으로 끝나버린 그 사건은 그날 명동을 함께 걸었던 지금도 연기자의 길을 가고 있는 그들과 부모님만이 알고 있던 일로, 반세기가 지나도록 묻어둔 나의 은밀한 과거사다.

좋은 남편 만나서 가정을 이루고 다복하게 사는 것이 여인의 가장 큰 행복이라던 아버지는, 도시에서 유학하고 있는 딸이 아무래도 마음에 놓이지 않았던지 졸업도 하기 전에 결혼을 서두르셨다. 아버지의 성화에 나는 20대 초반에 결혼을 했고 세 아들의 엄마가 되어 평범한 주부로 살아왔다. 돌아보면 아버지의 지극한 사랑이 있었기에 옆길로 가지 않고 예까지 올 수 있었고, 풍족하지는 않아도 딱히 부러울 것이 없는 삶의 길이었으니, 아마 하늘에 계신 아버지도 흐뭇해하시지 않을까 싶다.

이따금 빛바랜 사진첩 속에서 젊은 날의 내 모습과 마주할 때면, 아쉽게 꿈을 접어야했던 그날의 일들이 그리움처럼 되살아나지만, 내가 선택한 이 길에 후회는 없다. 어쩌면 천직처럼 피할 수 없게 운명 지어진 자들만이 갈 수 있는 나와는 무관한 길이었는지도 모를 일이기 때문이다.

먼발치에서 바라본 갈잎은 아름답다. 그러나 막상 그 화려함에 이끌려 가까이 다가가보면 벌레 먹고 상처 입은 잎들뿐이듯. 연기자로 살아가는 일도 이처럼 양면성을 지녔다. 대중의 부러움을 한 몸에 받으며 혜성같이 나타나 스포트라이트를 받다가도 돌연 관심 밖으로 밀려나 사람들 기억 속에서 멀어지는가하면, 탄탄한 연기력을 인정받고 오랫동안 사랑받기 위해서는 치열한 자기관리와 끈기. 인내심이 필요한 것이 바로 연기자의 길이다.

만약 그때 아버지의 반대에 굴복하지 않고 연기자의 길을 걸었다면 지금 나는 어떤 삶을 살고 있을까. 자기가 하고 싶은 일을 하면서 다양한 인생을 경험해본다는 것은 얼마나 매력적인 일인가. 더러 부질없는 회상에 젖어들기도 하지만, 원하던 그 길로 접어들었다 해도 만약 두각을 나타내지 못했다면 분명 상처받은 낙오자가 되었을 것이고, 주어진 현실에 순응하며 그 속에서 보람을 느껴온 날들이 내 것이 되었을 리도 없었을 것이다.

허나 대학 시절에 함께 어울렸던 그 친구들이 나오는 영화나 연속극을 보고 있노라면 숱한 세월의 더께 속에 사르지 못하고 묻어둔 불씨처럼 가지 않은 길, 아니 갈 수 없었던 그 길에 대한 미련이 인다.

혹시 다음 생이 있다면 그때는 내가 그토록 가고 싶었던 그 길을 꼭 가보고 싶다.

동 거

가뭄에 단비 같은 활력을 안겨주던 탐석의 즐거움을 한동안 놓치고 살아왔다. 산지고갈 때문이다. 그 아쉬움을 만회해 준 곳이 인상석 산지로 새롭게 부각된 임진강 돌밭이다. 때를 만난 듯 매주 돌밭에 가는 횟수가 늘다보니, 한두 점씩 들고 온 돌이 여러 점 모아졌다. 시절인연이 닿아 내 집까지 오게 된 터라, 석실에 있는 돌들 사이사이에 자리마련을 해줬다. 그런데 황금빛을 띠는 임진강 호박석은 다른 돌에 비해 색상이 화려해 유독 시선을 잡아끄는 결점 아닌 결점이 드러났다. 그러다보니 기존 돌들에게 쏟던 관심도 소원해지는 느낌이고, 정해진 자리에 놓여있던 돌들의 빈번한 이동으로 차분하게 가라앉던 석실분위기도 점차 예전모습을 잃어갔다. 이런 석실의 부조화를 어떻게 해결해야 될지 갈수록 부담감으로 다가왔다.

아무리 둘러보고 궁리해도 늘어나는 임진강 돌을 연출할 공간이 마땅치가 않았다. 그렇다고 모처럼 찾아온 탐석의 즐거움을 포기할 수는 없는 일. 묘책이 설 때까지 다용도실에 넣어둘까 생각해 보았지만, 그건 돌에게 면목이서지 않는 일이라, 임시라는 구실을 달아 임진강 돌들을 모두 진열장이 아닌 석실 한편에 내려놓았다. 그러나 석실에 들면 시선이 먼저 향하는 곳은 임진강 돌 쪽이었고, "이렇게 홀대해도 되는가." 무언의 항변이라도 하는 듯 느껴져 민망한 생각까지 들었다. 난감한 마음으로 몇 달 고심을 거듭하다가, 궁하면 통한다고 마지막 보루와 같은 침실벽면을 그들의 공간으로 내어주기로 했다.

날을 잡아 방안 분위기에 어울리는 진열장을 마련하기 위해 하루 내 고가구상가를 돌며 다리품을 팔았다. 그렇게 임진강 돌들과의 밀착된 동거가 시작되었다. 마치 기다리기라도 했다는 듯 침실을 호기롭게 차지하고 있는 돌들의 기세가 등등해 보이는 것과는 달리, 돌이 아무리 좋기로 불편을 감수하며 부부의 은밀한 공간인 침실까지 내어주다니 주객이 전도된 것은 아닌가 싶기도 했다. 그러나 의미 없는 자문자답도 잠시. 그래도 "돌이 좋은 걸 어떻게 하겠는가."라는 결론이다.

모범적인 애석인으로 후배 수석인들에게 존경의 상징이 되신 운제 정윤모 고문님은 구십 연세인 요즘도 애석생활의 가장 큰 즐거움은 탐석이라며 피곤함도 잊은 채 원거리 돌밭까지 찾아다니신다. 어쩌다 뵙게 되면 생의 절반이 넘는 세월을 돌과 함께 살아오시며 주말마다 발길이 잦았던 돌밭에서의 추억을 그립게 회상하시곤 한다. 애석의 한길을 걸어오신 분답게 깊은 교감을 나눌 수 있는 돌들이 곁에 있어 혼자 있어도 노년이 외롭지 않거니와, 시간의 흐름마저 잊게 된다며 정신과 육체의 건강을 지켜준 애석생활의 경험담을 자랑스럽게 피력하신다. 이렇듯 무구하고 유별한 노익장의 고결한 돌 사랑은 내게 늘 진한 감동과 공감을 안겨준다.

나 역시 애석인의 길을 걷지 않았다면 만날 수 없었을 소중한 사람들이며, 집안을 온통 자신의 영역인 양 차지하고 있는 돌들과의 동행이 가능했을까. 돌들이 머물던 오랜 터전인 강변을 떠나와 내 집 침실을 거처삼아 지내면서, 지척에서 내 숨소리는 물론 그날그날의 기분까지 감지하고, 마치 살아있는 군상처럼 저마다 내게 말을 걸어오는 인상석들과의 자연스러운 동거. 이러한 일상이 익숙해지면 질수록 예사롭지 않은 어쩌면 필연 같은 만남이라는 생각을 하게 된다.

돌이 살아낸 장구한 시간에 비하면 우리의 이런 동거는 찰나의 스침에 불과하지만, 때로 상처입고 지친 심신을 다독이며 위로와 평안을 선물처럼 안겨주는 고마운 존재이자, 내가 돌을 사랑할 수밖에 없는 이유이기도 하다.

미키 엄마

그녀는 자칭 미키 엄마다.

미키는 순백의 털에 초롱초롱한 눈망울이 예쁜 토이푸들(poodle)인데, 그녀는 이 애완견을 딸이라 부른다. 사람과 동물의 경계가 모호한 이들의 동거는 두 아들이 결혼과 함께 독립한 뒤 덩그러니 혼자 남게 된 후부터다.

그녀와 밖에서 식사를 하던 날이다. 분위기 좋은 찻집에서 느긋하게 시간을 보내던 평소와는 달리, 혼자 있는 미키가 스트레스를 받을 것 같으니 커피는 집에 가서 마시자며 서두른다. 현관문을 열자 반가워 어쩔 줄 모르고 날뛰는 미키와 그녀의 만남은 한나절이 몇 년이라도 되는 듯 감격적이다. 차를 준비하는 동안도 그녀의 움직임을 졸졸 따라다니는 모습이 마치 엄마 품이 그리운 어린아이 같다. 그녀도 그런 미키가 귀엽다며 흐뭇한 눈빛으로 연신 입맞춤해주며 늦둥이를 키우는 기분이란다. 적막감이 감도는 집안에 홀로 남게 된 일상의 허전함을 못견뎌하던 예전 모습은 간데없고 사뭇 생기롭게 변한 그녀를 보면서, 사람과 사람 사이에서나 가능하다고 믿어온 내 상식의 틀을 깬 참으로 놀라운 교감이 아닐 수 없다.

그런 그녀의 달라진 모습을 보면서 오래전 텔레비전 영상이 생각난다.

한여름. 호수중앙 널빤지 위에 잔디까지 입힌 봉분이 떠있다. 봉분 옆에는 막내아들의 영혼이 잠들어 있으며 묘지의 주인공이 4년의 짧은 생을 마감했다는 팻말까지 세워져 있다. 무슨 사연이 있기에 물 위에 무덤을 만들어 놓은 것일까. 영문을 알 수 없는 사람들의 커지는 궁금증에 급기야 취재진까지 동원되었다. 묘지를 만든 사람을 수소문하던 중 고무보트를 타고 와 봉분의 잔디가 시들지 않도록 물을 뿌려주는 한 남자를 만난다. 인근에서 펜션을 운영하고 있다는 그는 물을 유난히 좋아하던 애완견이 죽자 호수 위에 무덤을 만들어 주었다며 봉분 속 강아지는 자기에게 아들 같은 존재였다며 연신 애석함을 드러냈다.

단독에 살 때 우리 집도 잠시 강아지를 길렀었다.

정원의 잔디밭에서 아이들과 뛰어놀던 스피츠종인 뽀삐를 가끔 사진첩 속에서 보게 되는데 곁에 오래 머물지 않고 떠나는 바람에 감수성이 예민한 시기의 아이들을 한동안 슬픔에 잠기게 했다. 그 일이 빌미가 되어 유난히 동물을 좋아하던 막내아들의 성화에도 이런저런 구실을 들어 거절하곤 했는데, 가정을 이루고 부모 품을 떠난 지금 생각하니 미안한 마음이다.

핵가족시대를 살고 있는 현대인들의 외로움이나, 소외감을 반려동물을 통해 대리만족하려는 듯 갈수록 동물애호가들이 늘고 있다. 개인의 취향에 따라 선택되는 개, 고양이 등 그 종도 참으로 다양하다. 공원에는 애완견들만의 놀이터도 있고, 이들을 돋보이게 치장해주는 전용미용실에 각종 영양식은 물론 멀리 여행을 떠날 때 맡길 동물호텔까지 있다. 사랑의 대상이 사람이 아닌데도 부모가 자식에게 하듯 반려동물에게 아낌없이 돈을 쓰는가 하면 가족의 일원으로 아들이나 딸의 호칭까지 선뜻 부여해 주다보니, 더러는 상속자가 되어 유산을 물려받기도 한다. 동물장례업체까지 등장한 미국이나 프랑스 같은 나라에선 키우던 반려동물과 주인이 사후에 함께 묻히는 합장까지 한다니, 어떤 인연의 주인을 만나는가에 따라 그야말로 개팔자가 상팔자라는 말이 빈말이 아니다.

우리 아파트 위층에 새로 이사 온 여인은 애완견 두 마리를 기르는데, 주인이 집을 비우게 되면 밤낮을 가리지 않고 어찌나 그악스럽게 짖어대는지 조용하던 집안분위기가 산만하기 그지없다. 가족이 외출한 후 애완견이 느끼는 정서적인 불안감 때문에 그러는 것이라며, 양해를 구하는 바람에 대놓고 불만을 토로할 수도 없는 처지다.

자식들에게 아낌없이 내어준 부모의 일방적인 사랑이 보상받지 못하는 세태이고, 소통이 차단된 극도의 외로움을 반려동물과의 교감을 통해 해소하려는 입장은 이해하지만, 하루이틀도 아니고 참으로 난감한 지경에 놓여 있다.

정갈함이 결벽에 가까웠던 그녀가 주위의 편견을 깨고 미키를 마치 딸처럼 먹이고 씻기고 대소변까지 건사해주며, 애정을 주는 만큼 보상받는다는 자신의 경험담을 내세워 내게 애완견을 입양해보지 않겠느냐고 자꾸 부추긴다. 그녀의 진심어린 권면에 조금은 마음이 흔들릴 때도 있지만, 기르던 개가 사람을 물어 사망에 이르게 한 뉴스도 그렇고, 이웃집에서 밤낮을 가리지 않고 들려오는 개 짖는 소리로 인해 쉽게 결정이 내려질 것 같지 않다.

절제된 고독

폭풍이 휘몰아친다. 한 발짝도 내딛지 못한다. 어둠 저편에서 성난 파도가 괴기스런 비명을 질러대며 밀려와 돌담 위로 솟구쳐 부서진다. 모든 걸 삼켜버릴 기세다. 마당에 물이 흥건하다. 어찌 해야 하나. 노인은 형언할 수 없는 절망감에 고개를 숙인 채 지팡이에 의지해 간신히 서 있다. 겁먹은 조랑말의 애처로운 눈빛이 노인을 뒤돌아본다. 구멍 숭숭 뚫린 현무암 담장 위에서 어쩔 줄 몰라 울부짖는 까마귀 떼의 다급한 날갯짓이 극한의 긴장감을 느끼게 한다. 절체절명의 순간이다.

수많은 먹선이 검게 화면전체를 덮고 있다. 사이사이로 누런 황토색이 촘촘히 박히어 칙칙한 어둠을 밀쳐내려는 듯 역동적이다. 소용돌이치는 자연의 위력에 몸을 맡긴 생명체들의 순응이 눈물겨운 바닷가 풍경을 담고 있다. 명치끝이 아릿해 오는 이 그림은 변시지 화백의 '폭풍'이란 작품이다.

십여 년 전. 화백의 개인전이 인사동 미술관에서 열렸다. 육지와 동떨어진 섬 제주의 풍광을 그리는 바람의 화가라는 것이 내가 알고 있는 전부였을 때다. 전시장에 들어서는 순간 넓은 실내를 온통 황토색으로 장식한 작품들에 시선을 떼지 못하는 강렬한 끌림을 받았다.

지금껏 접해보지 못한 작품세계다. 망망대해에 떠있는 태양, 지팡이에 의지한 쇠약한 노인, 세찬바람에 흔들리는 소나무, 돌담, 까마귀, 조랑말, 쓰러져가는 초가집 등 작품마다 절해고도의 쓸쓸함을 담고 있다. 지금 어디를 향해 가고 있는가. 나 자신에게 물음표를 던지며 삶의 본질에 다가가려는 복합적인 감정들이 내 안의 느슨한 의식을 흔들어 깨운다. 특히 폭풍시리즈 앞에서는 발길이 옮겨지질 않았다. 마치 내가 작품 속 주인공이 된 듯 극단의 상황이 주는 고립감, 불안, 슬픔 속으로 동화되어 가는 느낌이다.

세 아들이 가정을 이루고 곁을 떠난 후 무시로 휘감던 상실감, 그리움, 기다림 같은 피해갈 수 없었던 내 삶의 조각들이 거센 파도소리에 섞여 되살아 내게 속삭이는 듯했다.

'인간은 누구나 다 고독한 존재다. 모든 것은 지나간다'라고.

마음을 잡아끄는 특별한 공감 때문이었을까. 작품을 소장하고 싶은 욕구가 강하게 밀려왔다. 아쉽게도 비매품이었다. 전시가 끝난 뒤에도 자꾸만 눈에 밟혔다. 알 수 없는 그 무엇에 끌린 듯 체념할수록 간절함이 더해갔다. 그렇게 1년여의 세월이 흐른 뒤 감동을 안겨주던 폭풍시리즈 중 한 점이 극적으로 내게로 왔다. 눈에 보이는 현상을 뛰어넘는 삶에 대한 심오한 명상이 담겨있는 작품으로 생동하는 자연의 거친 숨결을 통해 나타내고 싶었던 작가의 심정적 예술혼을 느낄 수 있어 더욱 애착이 갔다.

바람의 화가로 불리는 화백은 가족이 있는 서울을 떠나 홀로 제주에서 40여 년에 이르는 세월을 절절한 외로움에 자신을 가둔 채 작품 활동에만 전념해왔다. 외딴 섬이 안겨주는 육지와의 단절감까지 더하여 피붙이들이 얼마나 그리웠을까. 예술을 향한 강한 집념이 없다면 결코 갈 수 있는 길이 아니다. '왜 그랬을까'라는 의문은 화백의 그림에서 해답을 얻을 수 있다. 고독에 처하지 않고서야 어찌 고독의 실체를 속속들이 알 수 있으며, 감상자로 하여금 공감을 끌어내는 절대고독을 작품으로 승화시킬 수 있겠는가.

변시지 화백의 작품과 마주하고 있으면 어김없이 고독이란 명제와 만나게 된다. 그뿐이 아니다. 고독을 뛰어넘으려는 인간의 강인한 의지와 함께 바람 잦아든 날의 고요와 평안도 꿈꾸게 한다. 바로 화백의 작품을 만날 수 있음이 행복한 이유다.

사랑앓이

사랑하는 사람이 생겼습니다.

보고 또 봐도 보고 싶은 청춘의 사랑처럼 뜨겁진 않아도 은근함을 지닌 흔히들 내리사랑이라고들 하지요. 아무렴 어떻습니까. 이 나이에 사랑하는 사람이 있다는 것만으로도 행복한 걸요.

스물세 살 어린 나이에 결혼해 두 살 터울의 세 아들을 낳았지요. 돌아보면 참으로 정신없이 보낸 날들이었어요. 하루하루에 최선을 다했다는 기억밖에 없으니까요. 그 아들들이 장성해 어엿한 가정을 이루고 제게 다섯 명의 손자손녀를 안겨주었으니 참으로 신비로운 축복이지요.

오늘은 사랑하는 사람을 만나러 가는 길입니다. 당일로 다녀와야 하는 일정에 맞춰 이른 새벽에 집을 나섰지요. 봄옷으로 갈아입은 차창 밖 들녘이 푸른 생명들로 가득합니다. 흙을 비집고 올라와 이제 막 성장을 시작한 새싹의 싱그러움이 곧 만나게 될 사랑하는 사람과 닮아 있어 더 눈길이 가는가 봅니다.

기차가 대전역을 지났습니다. 만남의 시간이 가까워오는데도 서둘러 보고 싶은 마음이 기차의 속도를 앞서 달려가고 있네요. 저와 같은 사랑을 해본 이들이라면 이런 제 마음을 가늠할 수 있을 거예요. 기다렸다는 듯 달려와 품에 안기는 상상만으로도 마음이 조급해진다는 걸요.

혈육의 당김은 참으로 오묘합니다. 마치 자석의 끌림같이 서로의 마음을 하나로 밀착시켜 주니 말예요. 한동안 떨어져 있어 행여 낯가림이라도 하지 않을까 설핏 들었던 마음은 공연한 기우였으니까요. 우린 한나절을 눈 맞춤하며 서로의 체온을 느꼈지요. 순간순간 전해오는 행복감은 떨어져 지낸 그간의 아쉬움을 넉넉히 보상해주었지요.

시간은 어찌 그리도 빨리 지나가는지요. 다시 얼마간은 그리움에 가슴앓이를 해야 될 헤어짐이라 돌아서는 발길을 매양 무겁게 하네요. 내일이란 기약할 수 없는 미지의 날이기도 하니까요. 이런 마음을 그가 아직 알 리 없겠지요. 혹 몰라준다 해도 막을 수 없는 내리사랑의 유전인 걸 어쩌겠어요. 하긴 주는 사랑이 더 아름답다고들 하잖아요. 짝사랑이라 해도 오래오래 곁에 잡아두고 싶은 마음이랍니다.

아파트 창 너머에서 사랑하는 이의 또래들이 조잘대며 놉니다. 내 두 귀가 소리 나는 쪽으로 향하고 있습니다. 어쩌다 할머니를 부르는 소리가 들리면 마치 나를 부르기라도 하듯 가슴이 아릿해집니다. 내 아들들을 기를 때는 느껴보지 못했던 애틋한 마음을 어찌 다 형용할 수 있겠어요. 와락 보고 싶어지면 휴대전화에 저장된 사진들을 봅니다. 그래도 성이 차지 않으면 전화를 걸지만, 서로의 사랑을 확인하는 순간의 기쁨도 잠시, 끊고 나면 이내 더 큰 그리움이 차오르니 참 못 말리는 사랑앓이가 아닌가 싶어요.

어쩌다 사랑하는 사람이 감기라도 걸렸다고 하면 가슴이 철렁 내려앉지요. 그러니 뭐든 잘 먹고 건강하게 지낸다는 전갈만큼 고맙고 반가운 일도 없지요. 내 아들들에게 쏟았던 사랑에 더하여 애잔한 마음까지 드는 걸 어쩌겠어요. 왜냐고요. 분명한 것은 시간은 멈춤이 없으니까요. 앞으로 얼마나 더 사랑하게 될지 모를 일이라는 부질없는 마음이 들 때면 이런 생각을 하지요. 나의 사랑이 아들에게서 손자로 대를 이어 전해지고, 이 사랑의 불씨가 그들 가슴에서 꺼지지 않는 한 영원한 생명력을 지니게 되리란 위안을요.

내 사랑이 훗날 나를 떠올릴 때면 한없이 자애로운 모습이었으면 좋겠어요. 그날을 위해 내게 남은 한정된 시간일망정 아낌없는 사랑을 전해줄 마르지 않는 샘이 되려고 합니다.

처(妻) 월드

가족이 한자리에 모이는 명절맞이가 그리 반갑지 만은 않다. 점점 게으름 나는 나이 탓도 있다. 기껏 한두 끼 함께 하는 식사준비인데 매번 몸보다 마음이 먼저 지친다. 며느리한테는 한두 가지 음식을 만들어 명절아침에 오도록 당부했다. 나름 부담감을 덜어주기 위한 배려다. 그렇다고 불편한 진실인 명절증후군이 며느리에겐 없겠는가 싶지만, 시어머니인 나의 장보기며 홀로 만드는 음식준비의 피로감도 만만치가 않다. 그래도 내 자식들 먹이는 즐거움이란 보상이 따르기에 정성껏 준비한다.

손주들이 아직 어리다보니 시간에 맞춰 오는 일이 쉽지 않다. 그래서 늘 늦은 아침밥을 먹는다. 조용하던 집안은 아이들 재잘거림으로 활기가 넘치고, 떨어져 있어 소원하던 가족애가 모락모락 피어난다. 잠깐의 행복이다.

점심식사가 끝나면 모두들 처갓집으로 간다. 조갈증 나는 만남이다. 매번 그렇듯 며느리와는 오붓하게 눈 맞추며 정을 나눌 시간이 없다. 시어머니인 나 혼자서만 느끼는 아쉬움일까. 모두들 썰물처럼 빠져나가고 나니 방금 전까지 떠들썩하던 집안이 휑하니 섬 같다.

쌓인 피로도 풀 겸 찜질방으로 갔다. 명절을 치른 뒤라 주부들로 북적인다. 달아오른 열기로 십여 분을 참아내기 어려운 한증막 안에도 앉을 자리가 비좁다. 땀을 내는 잠깐의 시간에 한 여인이 내게 말문을 연다. 초면인데도 스스럼이 없다. 가슴 속 응어리를 그렇게라도 풀어내고 싶었던 게다.

명절에 다녀간 아들 때문에 몹시 마음이 상했다는 그녀의 푸념에 귀를 세운다. 자식 키워 놓아야 다 소용없단다. 아침상을 물리기 바쁘게 아들이 가족끼리 온천여행을 가야한다며 서둘러대더란다. 결혼 전 엄마라면 끔찍하게 생각하던 아들이다. 당연히 함께 가자고 할 줄 알았다. 웬 걸. 도망치듯 가버리는 뒷모습을 바라보며 그렇게 섭섭할 수가 없었다. 어떻게 키운 아들인데 배신감마저 들었다. 자기는 가족이라는 개념에서 밀려나 있다는 소외감에 생각할수록 분통이 터졌다. 틀림없이 같이 사는 장모와 동행할거라는 확신에 가까운 추측까지 더해졌다. 마누라 치마폭에 휘둘려 지내는 빙충이 같은 녀석 같으니라고. 그녀의 추스를 수 없는 감정이 찜질방 안에서 그만 폭발하고 말았다.

장가가면 내 아들이 아니라 며느리의 남편이라고 하지 않느냐. 그러려니 생각하고 집착을 버리면 마음이 편하다. 저들끼리 걱정 안 시키고 살면 된다며, 여기저기서 한마디씩 거든다. 불난 집에 부채질 한다더니 곁에 있던 여인이 딸자식도 자식인데 당연한 것 아니냐며 받아친다. 자기는 사위와 한집에 사는데 집안일이며 설거지까지 시킨다는 것이다. 손녀 키워주는데 그깟 일이 뭐 대수냐는 거다. 의사인 딸 자랑까지 기세가 등등하다. 아들 가진 엄마의 대꾸가 이어진다. 서로 좋아서 결혼했을 텐데 그렇게 돈 잘 벌면 가정부 두고 살 것이지. 저희들이 낳은 애는 왜 친정집에 맡기고 남편을 종 부리듯 하느냐고. 만약 내 아들이 그렇게 산다면 불쌍해서 못 견딜 것이라며 언성을 높인다. 듣고 있던 시어머니 입장인 내 마음도 은근히 언짢아진다. 갑론을박 잠깐 사이에 일어난 언쟁이 한증막 열기보다 더 뜨겁다. 결론은 변해버린 세태 탓으로 모아졌다.

텔레비전 프로인 시(媤)월드를 자주 본다. 시어머니와 며느리들이 나와서 서로의 마음속 이야기를 털어 놓는 자리다. 시집살이란 말이 어느 세월의 이야긴지 모를 만큼 며느리들의 입지가 견고하다. 마음에 담아두고 참아내는 것이 미덕이라던 세월을 살아온 시어머니 앞에서 할 말 다한다. 남편의 흉허물도 민망할 정도로 여과 없이 들추어낸다. 이런 아내들 득세에 남편들은 점점 풀기가 죽는다. 애정의 척도도 남편의 수입에 비례한다. 돈 버는 기계로 전락한 남편의 월급은 고스란히 아내 통장으로 입금된다. 가족을 위한 헌신은 당연하다는 결론이다. 경제권이 없다보니 품위유지를 위한 용돈도 구걸하듯 타 쓴다. 아껴 쓴 비상금이라도 발각되면 엄한 추궁에 자존심이 뭉개지는 수모를 당해야 한다. 어쩌다 이 지경까지 되었는지. 아들만 둔 시어머니인 내 가슴도 무너져 내린다.

요즘은 대다수의 남편들이 가정에서 숨을 죽이고 살아야하는데 비해 치솟는 아내들의 기를 대변하는 처(妻)월드가 단연

우세다. 한때는 나도 며느리였다. 탓하자는 것이 아니다. 세월은 멈춰 있지 않는다. 지금은 며느리 입장이지만 미구에 시어머니가 된다. 이 엄연한 사실을 알아야 한다. 멀리 있을수록 좋다는 처갓집도. 화장실도 이젠 집안으로 들어와 있다. 아들 딸 구분하지 않고 키워준 부모의 희생을 결코 잊어서도 안 될 일이지만, 세상 어디에도 보상을 염두에 두고 자식을 낳아 기르는 부모는 없다.

가족이라는 공동체가 흔들리거나 분열이 일어나지 않도록 서로를 이해하고 존중해주는 처(妻)월드였음 어떨까. 시어머니로 살면서 느끼는 시름이 크다.

상 처

상처가 깊어졌다. 포용하고 이해하려는 이성과 상처를 참아내려는 감성 사이의 좁혀지지 않는 거리감으로 인해 나는 지금 자존감이 무너져 내리는 아픔을 겪고 있는 중이다. 왜곡된 진실은 언젠가는 드러나기 마련이다. 우리라는 울타리 안을 벗어난 마음들을 하나로 모으는 일이 부단한 인내심으로도 극복될 수 없다는 것을 알았으니, 이쯤 의미 없는 동행을 멈춰야 될 것 같다. 실수는 누구에게나 있을 수 있는 일이다. 서로의 생각이 다름을 인정하고 부질없는 아쉬움일랑 마음언저리에도 담아두지 않기로 했다.

되돌릴 수 없는 상처의 후유증이 온 국민을 상실감에 젖게 하는 일이 벌어졌다. 러시아로 귀화해 소치 동계올림픽 쇼트트랙에서 금메달 3관왕이 된 빅토르 안(안현수) 때문이다. 그가 자신의 꿈을 이루기 위해 극단적인 선택을 하도록 원인제공을 했다는 빙상계의 근시안적인 판단이 도마 위에 올랐다. 연일 항의전화가 빗발쳐 빙상연맹의 업무가 마비상태라고 한다. 부상의 회복을 진득하니 기다려주지 못한 조급함이 내린 결정이 문제였다. 나라의 위상을 한껏 떨쳐줄 재목을 놓쳐버리는 안타까운 결과를 초래한 것이다. 상처가 만들어낸 후유증이 국보유출보다 더한 손실을 가져왔다며 빙상계가 매서운 지탄을 받고 있다.

토르노 올림픽에서 금메달 3개를 땄던 빅토르 안은 빙상계의 유망주였다. 무릎부상으로 세 차례의 수술을 거치는 동안 잠시 선수생활을 못할 수도 있다는 위기감이 찾아왔다. 마치 그의 불행을 기다렸다는 듯 빙상계 내부에 집단적 이기주의가 가세하는 바람에 그는 결국 대표선수에서 누락되는 불운한 선수가 되어 벼랑 끝으로 내몰렸다.

그는 철저하게 외톨이가 되었다. 희생양이 되었다는 억울함보다 주위로부터 받는 시선들이 빙판보다 더 차갑게 느껴졌다. 어린 나이로 감당하기엔 버거운 좌절감에 시달렸다. 사람들 기억 속에서 그대로 잊혀질 수 없다는 꿈을 향한 절박함이 날로 더해졌다. 그 무렵 러시아 빙상계에서 그에게 구애의 손길을 내밀었다. 막다른 골목에서 선택의 여지가 없었다. 상처의 아픔이 얼마나 컸으면 조국을 등지고 남의 나라에 귀화해서라도 꿈을 이루고 싶었을까. 그는 러시아에서 8년이라는 세월을 힘겹게 견뎌내며 오직 꿈을 이루겠다는 일념으로 혼신을 다해 연습에 매달렸다.

그는 세계인이 지켜보는 동계올림픽에서 화려하게 부활했다. 한국이 아닌 러시아선수가 되어 빙상황제자리에 오른 것이나. 집념이 이뤄낸 놀라운 쾌거가 아닐 수 없다. 그는 금메달의 승자가 되어 안으로만 삭여왔던 감정을 포효하듯 쏟아냈다. 그의 눈부신 성장을 열렬히 환호하는 러시아 관중들을 지켜보는 우리 국민들은 형언키 어려운 허탈감에 빠졌다.

그는 주최국의 자부심을 드높여준 영웅대우를 받고 있다. 그를 위한 찬가까지 만들어 부른다. 상처가 크면 새살이 더디 돋는다. 자기의 결정에 후회는 없다는 그는 조국이 아닌 러시아에서 영원히 살겠다고 한다. 낯선 타국에서 자신과의 부단한 싸움을 했을 아픈 속내를 들여다보는 듯 애절함이 전해온다. 누군들 그를 나무랄 수 있겠는가. 훗날 나고 자란 고향을 그리워하게 될 그는 부인할 수 없는 한국인이 아닌가. 이제 그토록 갈망하던 꿈을 이루었으니 모국을 등지게 만든 이들을 용서하고 자유로운 영혼을 소유할 수 있길 바라는 마음이다.

살아가는 길에 상처받지 않은 사람이 있을까.

억겁풍상을 견뎌낸 돌은 말이 없다. 내던지면 내던져진 대로 깨어지고 상처 난 몸으로 놓여 있는 그 자리에서 묵묵히 자신을 가다듬으며 살아간다. 흔들리던 신뢰감이 무너져 내린 어지럼증에 시달리는 나를 다독이며, 깊은 침묵 속에서 사랑을 주는 만큼 기쁨을 되돌려 주는 돌들이 곁에 있다는 게 얼마나 큰 위안인지.

거울은 그냥 웃어주지 않는다. 미움도 곰삭으면 그리움이 되듯 세월이라는 약이 상처를 말끔히 치유해 주고, 고통에서 벗어나 환하게 웃을 수 있는 그날이 속히 오기를 바라는 마음에 자주 거울에 나를 비춰보는 요즘이다.

새가 되어도 좋으리

동문들과 휴전선 탐방 길에 나섰다.

추수가 끝난 철원평야를 지나 민간인통제구역 안에 있는 평화전망대에 오른다. 망루에서 남방한계선 철책 너머로 60여 년 넘게 가로막혀 있는 금단의 땅을 바라본다. 서울에서 불과 104㎞거리에 있는 민족분단 비극의 현장이다. 북한의 지하벙커가 있다는 오성산도 금학산도 시야에서 가깝다. 새들이 무리지어 비무장지대 상공을 날고 있다. 먹이를 찾아온 철새 재두루미 가족도 한가롭다. 저들에게 허락된 통행의 자유가 왜 우리에겐 허락되지 않는 것일까.

고향을 북에 두었다는 노년의 동행자는 손에 닿을 듯 지척인 북녘 땅을 하염없이 바라보며 분단의 아픔을 긴 한숨으로 토해낸다. 평생 떠나온 고향을 그리워만하다가 한으로 생을 마감해야 하는 그 심정이 오죽했으면 남과 북을 자유롭게 넘나드는 새들의 처지를 한없이 부러운 시선으로 바라보고 있겠는가.

나 역시 전쟁으로 혈육과 생이별을 했다. 열일곱 살이던 오빠는 학도의용군이 되어 전쟁터로 보내졌다. 전쟁은 끝났지만 오빠는 돌아오지 않았다. 어쩜 격전장에서 총알받이가 되었거나, 포로가 되어 북으로 끌려갔을지도 모른다고들 했다. 어딘가에 꼭 살아있을 것이라 믿고 싶었던 어머니는 오빠의 죽음을 인정하려 하지 않았다. 그리움이 사무칠 때면 눈물로 시름을 달래던 그 모습이 어린 내 가슴에 지워지지 않는 상처로 남아있기에, 분단현장을 보며 끝내 돌아오지 않는 아들을 가슴에 묻고 떠난 모정의 기다림이 아프게 되살아난다.

유난히 선하고 마음이 여렸던 오빠는 어느 하늘 아래 들꽃이 되었는지. 전설 같은 그 비극의 현장 어딘가에 묻혀있을지도 모를 오빠를 생각하니 치유되지 않은 상처가 도지듯 울컥 그리움이 솟는다.

동족끼리 벌인 어처구니없는 전쟁으로 당시 4만 5천명이 전사했다는 백골사단의 치열했던 격전지가 망원경에 담겨 가까이 다가온다. 피로 물들였던 고지의 능선은 서글픈 전쟁사만 남긴 채 무심한 침묵 속에 잠겨있다.

처참한 전쟁으로 인해 수많은 희생이 있었건만 아직도 남과 북이 대치하고 있는 이런 안타까운 현실을 잊기라도 했는가. 정치인들은 연일 보수니 진보니 편 가르기를 하느라 나라가 어수선하다. 나와 생각이 다르다고 상대방을 배척하고 질시하는 사람들의 막말도 도를 넘고 있다. 과연 누구를 위한 대립인가. 뒷전으로 밀려난 나라의 안위가 걱정스럽고 지켜보는 국민들의 마음자리가 불안하다.

소중한 인권이 묵살당하는 처참한 실상이 속속 드러나고, 자유를 찾아 사선을 넘는 탈북자들이 수만 명에 이르지만, 북한은 전쟁을 경고라도 하듯 계속 미사일을 쏘아대고 있다. 핵을 가진 화약고가 언제 우리가 누리는 이 평안을 앗아갈는지도 알 수 없다.

목숨을 담보로 한 전쟁을 하지 않고도 동서독의 베를린 장벽이 무너지듯 금단의 땅 비무장지대가 열리고 민족이 하나 되는 그날은 언제나 오려는지.

"기적같이 어느 날 갑자기 통일이 올 수도 있다."는 아직은 가능성을 점칠 수 없는 슬픈 염원에 한자락 희망을 걸어본다.

예술수석

어쩌다가 돌을 사랑하는 여인이 되었을까.

여성이 애석생활을 한다는 것은 많은 제약이 따르기 마련이다. 탐석을 가거나 수석회모임에 참석하기 위해 집을 비우는 일이 잦아도 이런 나를 이해하여 주고, 잔소리 한 번 안하며 적극적인 후원을 해준 남편이 있었기에 가능했던 일이다. 그런 남편이 새삼 고맙고 미안한 마음이다.

요즘 나는 다양한 표정의 인물석과 추상석이 어렵지 않게 탐석되는 임진강 호박석에 깊이 빠져 있다. 주로 검은색인 산수경석과 형상석들이 여기저기에 장식되어 있는 집안에 임진강의 노랗고 뽀얀 인상석들이 자리 잡기 시작하면서 집안 분위기가 한결 밝아졌다. 질 좋은 남한강 오석들 옆에 임진강 돌을 놓자 시선이 자꾸 임진강 돌 쪽으로 향한다. 검은빛 일색이었던 석실분위기가 임진강 호박석으로 인해 생기롭게 변해가고 있으니 참으로 놀라운 일이다.

한국 애석협회 아우들의 표현대로 임진강 돌은 점촌. 남한강 돌에서는 느낄 수 없었던 '길들여 지지 않은 선(線)과 원시적인 질감. 따뜻한 고향 같은 색감'이 있기에 십 수 년 전 마치 해석 장르가 나타났을 때처럼 새로운 세계에 대한 동경심과 모험심으로 가슴이 설레고, 나와의 만남을 기다리고 있을지도 모를 임진강 돌을 생각하면 마음이 자꾸 바빠진다.

이른 새벽에 나섰던 임진강 탐석을 마치고 돌아와 배낭을 내려놓기 바쁘게 남편이 묻는다. "오늘은 어떤 돌을 모셔왔소." 부쩍 나의 예술수석활동에 대한 관심이 늘고 있다. 산지고갈로 더러 찾아간 돌밭에서 빈 배낭으로 돌아서던 허탈감과는 달리 임진강에만 나가면 몇 개의 작품성 있는 돌을 들고와 씻고 연출하는 즐거움을 맛보게 되니, 이즈음의 이런 애석생활이 너무 새롭고 행복하다. 이 어찌 뜻밖에 얻은 홍복이 아니겠는가.

임진강 얼굴돌의 그 다양한 표정들은 검은 돌의 산수경석은 물론, 검은색 인상석이나 추상석에서는 찾을 수 없는 매력덩어리들이다. 그동안 임진강 돌을 접하면서 느낀 정말 중요한 얘기를 하고 싶다. 우리의 지난 애석생활을 돌아보자. 석실에 앉아 있거나 진열된 기존의 수석을 감상하노라면 어떤 감정과 분위기에 젖게 되는지.

검은 먹빛 위주의 돌들이 풍기는 착 가라앉은 공기는 우리의 정신과 감정까지 고요하고 깊게 한다. 그래서 석실에선 웃을 일이 없다. 물론 그것 또한 우리 삶에서 필요한 소양일 것이다. 하지만 새롭게 접어든 예술수석 활동을 통해 저마다 이야깃거리가 있는 돌을 볼 때마다 웃음이 피어나고 마음까지 활짝 밝아질 뿐 아니라, 가족들 간에도 예술수석 작품으로 인해 공통의 대화가 생겨나는 특별한 즐거움을 경험하고 있다.

어느 여름날 홀연 찾아온 예술수석은 내 인생 허덕허덕 고갯마루에서 느닷없이 만난 은총의 소낙비다.

환희 그리고 보람

졸업은 끝이 아니라 새로운 시작이다.

문화와 언어의 장벽을 극복하며 꿈을 향해 부단히 노력해온 막내아들의 졸업식에 참석하기 위해, 남편과 열 시간이 넘는 비행 끝에 캐나다 밴쿠버에 도착했다. 유비씨(UBC)대학의 졸업장을 받기까지 홀로 감당하기에 버거웠을 유학생활을 잘 견뎌준 아들이 대견하면서도, 한편으론 떨어져 있는 가족에게 걱정을 안겨주지 않으려는 마음에 병을 키워 갑절의 고통을 겪었던 지난 일들이 떠올라 가슴이 시려온다.

문화는 달라도 졸업식장은 어디나 들뜨고 흥분된 분위기다.

가족에게 나누어준 좌석 표를 들고 입장을 기다린다. 꽃다발을 들고 축하의 마음을 전하기 위해 온 가족들은 거의가 현지인들이지만, 더러 중국인과 일본인도 보였다. 이민 2세인 듯한 한국인도 있어 이국에서 듣는 우리말이 그렇게 반가울 수가 없다.

식은 엄숙하고 절도 있게 진행되었다. 여성총장과 학장, 교수들의 입장에 이어 경쾌한 실내악에 맞춰 사각모를 쓴 검은 예복의 졸업생들이 박수갈채를 받으며 들어온다. 그 많은 졸업생들 틈에 내 아들만 색동옷을 입은 것처럼 금시 눈에 띈다. 아들도 우리를 알아보고 손을 흔든다. 한 사람씩 호명하면 강단에 올라 총장과 악수하고 학교에서 준비한 졸업장과 기념품을 받고 내려오는 순서들이 일사불란하다.

행사가 끝난 후 광장으로 나와 꽃다발을 안고 있는 아들의 밝은 모습을 열심히 카메라에 담았다. 4년 동안 강의를 받았던 강의실에도 들어가 아들이 씌어주는 사각모를 남편과 번갈아 쓰며 사진을 찍었다. 졸업식 날 저녁은 캐나다의 명물인 훈제 연어와 와인으로 축배를 들었다. 이제는 맘껏 효도하겠으니 건강하게 오래오래 곁에 있어달라는 말을 할 때는 차오르는 보람으로 가슴이 먹먹해졌다. 남다른 우애로 힘을 북돋

아준 형들에 대한 고마움도 잊지 않았다. 꿈을 펼칠 수 있는 가정에서 태어난 것이 감사하다는 아들의 속내를 들으며 남편도 나도 눈시울이 붉어졌다.

떨어져 지내느라 부모자식 간의 해후가 늘 아쉬웠던 남편과 나는 그리움에 마음이 고프다는 말을 입버릇처럼 했는데, 체류하는 동안의 모든 스케줄을 꼼꼼히 세워둔 아들의 배려로 포만감을 느낄 만큼 행복한 여정의 나날을 보냈다.

아침마다 산책코스였던 스탠리파크의 때 묻지 않은 자연, 오랜 세월 무게를 힘겹게 떠받치고 있는 이끼 덮인 고목들, 밀림처럼 깊은 숲 사이로 고즈넉하게 나있는 청정한 길을 걸으며 듣던 온갖 새들의 지저귐, 이름 모를 꽃들. 백조가 노니는 호수의 한가로운 정경은 오래도록 기억에 남을 것 같다.

마음 씀이 넓고 정이 많은 아들은 주변에 친구가 많다. 한국에서 부모님이 온 걸 아는 캐나다 친구가 별장 같은 숲속의 자기 집 저녁식사 자리에 우리를 초대했다. 평소 아들을 가족처럼 대해주던 친구 부모님의 정이 넘치는 극진한 대접을 받으며, 국경을 초월한 폭넓은 인간관계를 맺고 있는 아들의 미래가 밝게 느껴졌다.

대자연의 아름다움에 탄성이 절로 나오는 휘리크릭골프장에서 보낸 이틀 동안의 골프여행. 장엄한 산자락마다 만년설을 병풍처럼 두른 위슬러골프리조트에서 골프를 치며 바라본 비경들. 200여 개가 넘는 스키하강코스를 덮고 있는 백설의 향연. 폐부까지 시원해지는 오염되지 않은 맑은 공기에 더하여 사랑하는 가족과 함께이니 이보다 더한 행복이 있을까.

재산을 물려주기보다는 그가 살아갈 수 있는 발판을 만들어 주자는 우리 부부의 생각이 옳았다. 지금까지 훌륭하게 홀로서기를 해준 아들의 잠재력을 알기에, 막히면 돌아가는 물굽이 같이 조급증을 내지 않고 진중하게 자기 삶의 길을 개척해 나아가리라 믿고 있다. 일정을 마치고 아들보다 먼저 귀국길에 오른 발걸음이 한결 가볍다.

3.

애마의 독백

풍경: 권옥연

정지된 화면처럼

꿈에 그를 보았다. 교복 차림인 옛 모습 그대로였다.

어디에 살고 있으며 문학인의 꿈은 이루었는지. 더러는 그도 기억의 샘을 퍼 올리며 아스라이 멀어져간 시간 속 단발머리 소녀를 생각하는지. 풋사랑에 가슴앓이를 하던 지고지순한 감성을 지녔던 그의 안부가 궁금하다.

여고 2학년 때다. 부여로 수학여행을 왔던 한 남학생이 학교로 편지를 보내왔다. 부소산 자락에 위치한 우리 학교 앞을 지나다 교내백일장에서 입선해 게시판에 걸린 내 시를 읽었다며, 자기도 문학 지망생인데 글쓰기에 대한 서로의 생각을 나누고 싶다는 내용이었다.

펜팔이 유행하던 때였으므로 그와 나는 자연스럽게 공개적인 편지를 주고받았다. 그는 주로 독후감이나 습작의 시를 써 보냈는데 모윤숙의 「렌의 애가」며 시집도 여러 권 보내왔다. 그에게 받았던 책들이 긴 세월이 내려앉아 누렇게 색이 변한 채 지금도 서재의 한자리를 차지하고 있다. 책속지에 한결같이 '友情'이라고 쓴 흐릿해진 잉크자국을 볼 때면 그 시절로 돌아간 듯 마음이 푸르른 물기를 머금는다.

졸업을 몇 개월 앞둔 가을이다. 할 말이 있다며 예고도 없이 그가 불쑥 찾아왔다. 많은 편지들이 오간 탓인지 오랫동안 만나온 사람처럼 낯설지 않았다. 부소산의 낙엽 쌓인 오솔길을 나란히 걷던 그가 어렵게 말문을 열었다. 그동안 내게 써 보낸 그의 신상이 사실과 다르며 가정형편상 대학진학 대신 취업을 해야 하는 상고생(商高生)이라는 것이다.

그는 처음부터 내게 솔직하지 못한 것을 진심으로 사과했다. 얼굴을 대하지 않고도 문학을 매체로 서로의 생각을 공유하는 펜팔이 되고 싶다던 그가 어쩌다 그런 상상의 인물이 되고 말았는지 당황스러웠다. 그의 편지를 친구들과 돌려볼 만큼 펜팔 이상의 의미를 부여하지 않던 나와는 달리 우정의 한계를 넘는 감정의 변화가 그에게 일고 있음을 어렴풋이 느끼고 있던 터라, 먼 길 달려온 그의 힘겨운 고백에 차마 실망스러운 속내를 드러낼 수가 없었다.

모든 것을 털어놓은 후련함을 안고 그가 돌아간 뒤에도 우린 아무 일도 없었다는 듯 얼마간 더 소식을 주고받았다. 그러나 내가 대학진학을 위해 서울로 오면서 누가 먼저랄 것도 없이 서로에게서 멀어져 갔다.

처음이자 마지막이었던 그와의 만남, 그가 왜 이별을 예감하면서까지 자신의 감정에 충실해야 했는지. 세월에 곰삭아 있는 지금은 미완으로 끝난 인연일지라도 때론 그리움을 안겨준다는 것을 알게 되었지만, 그땐 그의 진심어린 마음을 오롯이 헤아리지 못했다.

가을이 안겨준 감상 탓일까. 정지된 화면처럼 여전히 옛 모습 그대로였던 지난밤 꿈 때문일까. 아직도 또렷한 그의 집 주소로 엽서 한 장 띄우고 싶은 그런 가을날이다.

소리와 소음

예외 없이 소리와 함께 하루가 시작된다.

창밖에서 들려오는 질주하는 자동차소리. 아파트계단을 오르내리며 독특하게 내지르는 세탁물 수거소리. 온갖 생활 속 소리들이 오늘도 어김없이 내 생활공간을 비집고 든다. 창문을 연다. 지붕교체작업을 하고 있는 건너편 아파트에서 인부들이 내려치는 망치소리가 요란하다. 위태로워 보이는 인부들의 움직임을 따라 내 시선이 허공에 멈춰있다. 창공을 가르며 흩어지는 저 망치소리는 생생한 삶의 현장이 들려주는 변주곡이다.

소리와 소음은 같은 듯 다르다. 국회의원을 뽑는 총선일이 가까워지자 듣고 싶지 않아도 들어야 하는 소음들이 도를 넘고 있다. 자칭 애국자라는 사람들이 허망한 외침으로 불안감을 조성하는가 하면, 스님도 아닌데 머리를 삭발한 위정자들이 국민을 볼모로 투쟁의 결의를 다지고 있다. 정작 나랏일에는 관심이 없어 보이는 한심한 모양새다.

갑자기 나타난 확성기 소리에 밖을 내다본다. 한 후보자가 사극에서나 입을 법한 장수복장을 하고 트럭 위에 서서 목청이 터져라 소리를 질러댄다. 기발한 아이디어로 시선을 잡아끄는 겉모습만큼은 꽤나 듬직해 보인다. 그는 편 가르기식 정당정치는 이제 그만하고 무소속인 자기를 국회로 보내 달라고 한다. 선거 때만 되면 상대방을 비방하는 혼탁한 말장난이 무성하다. 무엇이 진실이고 거짓인지 마치 가면극을 보는 듯 속내가 궁금하다. 매번 공염불로 끝나는 선심공약에 둔감해진 유권자들이 저 유세소리에 얼마나 공감을 보낼지 모를 일이라 실없는 미소가 인다.

열변을 토하던 무소속후보인 그는 낙선되었고, 정당후보인 상대방은 금배지를 달았다. 그러나 국민의 기대에 부응하지 못하고 여전히 실망감만 안겨줄 뿐 변한 것은 아무것도 없다. 소음이라 여기던 장수복장의 그 후보자가 내지르던 절박함에 귀 기울여 한 표를 행사하지 않은 것이 한편 미안하게 느껴지는 건 왜일까.

가을이 깊어가는 산길을 오른다. 세상과 멀찌감치 떨어진 산중이라고 예외는 아니다. 골짜기를 휘감고 지나는 바람소리, 물소리, 새소리, 때마침 후드득 쏟아지는 빗소리까지, 잡다한 소리의 코러스가 산중이라서 더 크게 들린다. 저마다의 존재감을 나타내려는 몸짓 같다. 만약 저 소리들이 들리지 않고 만물이 움직임을 멈춘 고요함만 있다면 어떨까.

자연과 인간이 만들어내는 크고 작은 소리들은 삶이라는 무대 위에 없어서는 안 될 효과음이나 다름없다. 다양한 소리와 소음에 실려 흘러가는 일상은 어쩌면 지금이라는 시간을 살아가는 자들만이 듣고 느낄 수 있는 축복음일 수도 있다.

그러나 소음이 아닌 진정한 삶이 내는 소리가 더 크게 들리는 살맛나는 세상이기를 바람은 아마 나 혼자만의 생각은 아닐 게다.

손

세상을 떠들썩하게 했던 연쇄살인범의 현장검증이 뉴스를 탄다.

범인을 태운 차가 도착하자 포승줄에 묶인 범인이 경찰의 호위를 받으며 내린다. 검은 옷차림이 흐린 날씨만큼이나 음산해 보인다. 얼굴은 깊이 눌러쓴 모자와 마스크에 가려져 볼 수가 없다.

"모자를 벗겨라. 흉악범도 인권을 보호받을 자격이 있느냐."

여기저기서 항의가 빗발친다. 유족들이 범인을 향해 달려들며 격한 분노를 토해낸다. 현장은 일순 팽팽한 긴장감이 감돈다.

보도진의 카메라 불빛이 섬광처럼 번득이는 사건현장에서

흉기를 든 범인이 태연하게 당시를 재현한다. 잔인무도한 살인의 원흉으로 전락해버린 묶인 두 손이 로봇처럼 움직인다. 웅성거리던 사람들 시선이 일시에 범인의 손으로 쏠린다.

마음과 손은 불가분의 관계다. 옳고 그름의 분별력은 손의 소관이 아니다. 그러나 마음이 시키는 대로 행동에 옮긴 복종의 손일지라도, 지체로써 저지른 잘못의 준엄한 대가는 피해갈 수가 없다. 그런데 왜였을까. 하필 그 순간 가당치도 않게 범인의 손에 연민이 꽂힌다. 주인을 잘못 만난 비운의 지체라는 생각이 스치듯 들었기 때문이다.

손 하면 어김없이 떠오르는 안중근 의사의 왼쪽 무명지마디가 잘려진 검은 손도장이다. 조국의 독립을 위해 죽음도 불사하겠다는 맹세의 징표로 손마디를 자르고, 그 선혈로 태극기에 '대한독립'이라 쓴 나라사랑의 숭고한 정신을 행동으로 보여준 자랑스러운 손이자, 우리의 국권을 침탈하고 식민치하로 만든 일제의 이토 히로부미(이등박문)를 하얼빈 역에서 저격 사살한 위대한 손이다.

인체 중에 감각기관이 가장 발달된 손은 그 사람이 살아낸 세월을 고스란히 담고 있다. 누구의 지체로 태어나는가에 따라 다른 존재가치를 부여받는 것이 바로 손이다. 불멸의 작품을 남겨 죽어서도 영생을 사는 예술가의 손, 고통 받는 자의 위로가 되어주는 간호사의 손, 농부의 거친 손, 어부의 억센 손, 물기 마를 틈 없는 주부의 손, 저마다 그 소용에 따라 달인의 경지에 오르기도 삶의 자취를 영원히 기리는 핸드 프린팅의 영광스런 주인공이 되기도 한다.

손은 그 사람을 나타내는 또 다른 얼굴이다. 여성들이 외모 못지않게 손을 가꾸고 치장하는 것도 그 때문이다. 내 손을 본다. 부모로부터 물려받은 유전인자 탓도 있지만, 섬섬옥수와는 거리가 먼 도무지 여인의 손 같지 않게 작달막하고 마디가 굵어 볼품없다.

손빨래를 할 때도, 거친 수석들을 매만지고 수반에 모래연출을 할 때도, 갑갑하다는 핑계로 늘 맨손이다. 손을 써야하는 일에 대충 대충이 통하지 않는 성격이다 보니, 손은 움직이기 위해 있다는 의식에 충실한 노동의 고단함이 고스란히 배어있다. 고무장갑의 호사조차 누려보지 못한, 기껏해야 로션이나 발라주는 알량함에 그만 반기를 든 주부습진까지 진을 쳤다. 다듬지 않은 나무토막을 보는 것 같다. 그러다보니 사람을 만나는 자리에서 은근히 나를 주눅 들게 하는 것도 바로 손이다.

한껏 멋을 부리던 시절의 내 모습을 기억하고 있는 친구들을 만났다. 주인 잘 만나 호강을 하는구나 싶게 관리가 잘된 그녀들의 고운 손과 내 손이 대조적일 수밖에. 훗날 한 친구가 다른 친구에게 내가 고생스럽게 살고 있는 것 같다고 에둘러 묻지를 않나. 얼굴과 손이 어울리지 않는다는 말을 종종 듣게 되니, 악수를 청해오는 모임자리에라도 가게 되면 여성스러움과는 거리가 먼 손을 선뜻 내밀기가 여간 민망한 게 아니다.

그래도 예까지 오는 동안 게으름피지 않고 성질 못된 주인의 협력적 지체로 소임을 다해준 손이다. 고마운 마음에 더러 바셀린 마사지로 미안함을 만회해 보지만, 그도 잠시. 길들여진 습관대로 여전히 혹사시키고 있으니 이를 어쩌면 좋을꼬….

안복(眼福)

간송미술관에서 '풍속인물화대전'이 열리고 있다.

간송 전형필 선생은 일제강점기 일본으로 유출되는 도자기, 서화, 불상, 서적 등 선인의 얼이 담긴 소중한 작품들을 수집 보존하는데 생을 바친 문화유산 지킴이다. 민족의 자존의지를 세우기 위해 전 재산을 아낌없이 바친 열정과 집념, 나라사랑이 이룬 위대한 업적은 도저히 그 가치를 환산할 수 없을 정도로 크다.

개인 소장품이지만 국민 모두의 것이라는 선생의 유지를 받들어 미술관이 소장하고 있는 작품들을 분야별로 나누어 선보이는 전시다. 안복(眼福)을 누릴 수 있는 모처럼의 기회를 놓치지 않으려고 서둘러 성북동 미술관으로 갔다. 이른 시간인데도 전시관 앞은 입장을 기다리는 사람들로 긴 줄이 이어져 있다. 일 년에 단 두 번만 여는 전시인 데다 입장료를 받지 않으니 예상은 했지만 상상을 초월하는 관람 인파가 계속 몰려오고 있다.

햇볕이 따가운 한낮이다. 점심도 거른 채 두 시간이 넘게 그늘 없는 길거리에 서서 입장순서를 기다린다. 애써 지킨 자리를 이탈하지 않으려고 다리가 뻐근해도 꼼짝없이 참아내고 있다. 보지 않으면 안 되는, 꼭 봐야한다는 의무감이라도 주어진 듯 모두들 인내심을 발휘하며 지루한 기다림에 불만을 내비치지 않는다. 명화를 만난다는 설렘이 가능케 한 놀라운 흡인력이다.

그 열풍 같은 끌림의 중심에 바로 혜원 신윤복이 있다. 얼마 전 인기리에 끝난 드라마 '바람의 화원'과 영화 '미인도'를 통해 널리 알려진 신윤복의 진품그림들을 직접 볼 수 있다는 기대감 때문인 것 같다. 기실은 나도 책이나 영상을 통해서만 보았던 조선의 기라성 같은 풍속 화가들의 작품을 만난다는 의미보다는 신윤복의 원화에 더 관심이 큰 게 사실이다.

긴 기다림 끝에 야생화들이 은은한 향기로 반기는 미술관

뜰로 들어선다. 수많은 문화유산을 수장한 미술관 건물이 의외로 소박하고 꾸밈이 없다. 세월흔적을 두른 하얀 건물외벽을 타고 오른 담쟁이와 웃자란 나무들도 다듬지 않은 자연 그대로다. 고풍스러운 운치가 물씬 풍긴다.

건축 당시 모습 그대로인 협소한 전시관내부는 어렵게 얻어낸 작품과의 만남을 눈에 담아두려는 사람들로 떠밀려 다닐 정도다. 특히 국보 제135호인 신윤복의 '전신첩'이 들어있는 중앙전시관은 겹겹이 에워싼 채 자리를 선뜻 양보하려 하지 않는 사람들로 인해 감상이 용이하지 않다.

등 뒤에서 까치발돋움을 하고 어깨너머로 그 유명한 신윤복의 '월하정인', '단오풍정', '상춘야흥' 같은 그림들을 바라본다. 2이백여 년이 넘는 세월이 믿기지 않게 채색이 화려하고 아름답다. 화폭마다 향락을 즐기던 조선풍류객들의 은밀하고 육감적인 모습이 고스란히 담겨있다. 마치 지난날 그 현장을 엿보고 있다는 착각이 들 만큼 인물들의 표정이 살아있고 해학적이다.

'미인도' 앞에 선다. 둥글고 앳된 얼굴에 다소곳 응시한 내밀한 눈빛. 폭넓은 옕은 쪽빛치마에 삼회장 짧은 저고리. 트레머리에 균형미 잡힌 가녀린 몸매. 노리개와 옷고름을 가볍게 쥔 양손. 살짝 드러낸 하얀 버선발이 단아하면서도 관능적이기까지 한 고혹적인 여인의 자태다. 남녀가 유별했던 시대에 저렇듯 섬세하게 내면에 깃든 마음의 상태까지 드러나 보이게 그릴 수 있었다면 필시 신윤복과 예사롭지 않은 사이가 아니었나 싶다. 섣불리 아무에게나 마음을 주지는 않았을 것 같아 보이니 지조와 미모를 겸비한 기녀였거나, 혹 신윤복의 마음을 사로잡던 정인이 아니었을까. 천재화가 앞에 자신의 모습을 당당하게 드러낸 실존인물이었던 '미인도'에 관람객들의 시선이 붙박이가 되어 있다.

한국적인 미인의 기준이 모호할 정도로 정형화(定型化)된 성형미인들이 많은 요즘이다. 인위적인 아름다움에 견줄 수 없는 고전적인 여인의 아름다움에 시대적 관념을 넘어선 현대인들이 보내는 놀라운 공감이 아닌가 싶다.

시공을 초월한 명화로 만인의 사랑을 받는 '미인도'를 남긴 신윤복은 과연 조선최고의 화가다. 베일에 싸인 채 그는 가고 없지만 빛나는 예술혼은 작품들 속에 남아 그 생명력을 길이 이어갈 것이다.

해가 설핏 기울고 있다. 여전히 관람을 기다리는 행렬에 긴 꼬리가 달려 있다.

애마(愛馬)의 독백

제 고향은 지구 저편 독일이구요. 주인의 애마가 된 지도 어언 강산이 변하는 세월이 흘렀네요. 그 당시엔 귀한 몸으로 대접받던 제가 머나먼 한국 땅까지 와서 또래들과 매장전시대에 올라 있을 때였어요. 한 젊은이가 유독 나를 마음에 들어 하면서 선뜻 몸값을 치르는 거예요. 시원시원한 성격에 능력까지 있어 보이는 젊은이의 애마가 된다고 생각하니 정신이 번쩍 들더라고요.

그런데 내 상상과는 달리 글쎄 나를 함께 온 어머니에게 선물로 드리질 않겠어요. 한순간에 주인이 바뀌긴 했지만, 자식 키운 보람을 듬뿍 안겨드리는 고운 마음씨에 그만 감동하고 말았어요. 그래서 나도 주인의 든든한 발이 되어야겠다고 다짐했지요.

효심의 증표 같은 나를 주인은 끔찍이 생각했어요. 항상 내 몸에 자르르 윤기가 돌게 해주었고, 혹 아픈 곳이라도 생길까 미리미리 세심한 배려도 잊지 않았지요. 그렇듯 자상한 주인의 발이 되어 쌩쌩 바람을 가르며 달리던 그때가 바로 나의 전성기가 아니었나 싶어요.

1년 전부터지요. 주인의 친구가 교통사고를 크게 당한 뒤부터는 나를 데리고 다니기가 자꾸 겁이 난다는 거예요. 게다가 하루가 멀다 하고 치솟는 기름 값도 부담스러워 하는 눈치였고요. 그러니 갈수록 내 발이 묶여 있는 날이 많아지는 것을 탓할 수도 없더라고요.

달려야 힘이 솟는 질주 본능을 억제하며 음산한 지하 주차장에 갇혀 가뭄에 콩 나듯 바람을 쐬는 처지로 전락하다 보니, 발바닥에 불이 날 정도로 돌아다니던 지난날이 그리워질 수밖에요. 말이 십년이지 고작 6만 킬로 정도밖에 달리지 않은 데다, 내 나이를 가늠하지 못할 만큼 아직 허우대도 멀쩡한데, 주인의 관심에서 점점 멀어진다고 생각하니 왠지 섭섭한 마음까지 들더라고요.

내가 움직이지 않고 자리만 지킨다고 해서 아주 할 일이 없는 것은 아니지요. 도난방지용 경보장치에 24시간 불빛을 뿜어줘야 하는데, 충전은 안 시켜주고 소모만 해대니 당연히 원기가 떨어질 수밖에 없잖아요. 난생처음 침묵시위를 한 그 날은 나와 함께 급하게 갈 곳이 있었나 봐요. 시동이 걸리지 않는 난감한 상황에 화들짝 놀란 주인이 보험회사에 긴급구호 요청을 하는 바람에 방전된 내 몸이 기사회생은 했지만, 본의 아니게 홀대했던 주인의 잘못도 크지요. 뭐.

결국 소란을 피운 내 관심끌기가 성공을 거둔 셈이라고나 할까요. 그 일이 있은 뒤로는 나를 데리고 다니는 횟수가 부쩍 늘어나 부실해진 몸에 부지런히 새 힘을 비축하고 있는 중이지요.

어제는 부부가 하는 말을 엿들었어요. 아무래도 내가 생애 마지막 애마가 될 거래요. 하긴 매년 몸값에 따른 비싼 보험료도 내야 되고, 나이 들면 자연 순발력도 떨어지잖아요. 필요할 때 집 앞까지 와 주는 택시도 있고, 지하철무임승차권도 진작 받아 놓았으니 그런 주인 입장으로서는 어쩜 당연한 생각이지 싶더라고요. 그래도 아들의 소중한 마음이 담긴 애마라서 늙고 병들어 영 제구실을 못할 때까지는 함께하겠다니, 쉬이 이별할 일은 없을 것 같아 한편 마음이 놓였어요.

내 나라도 아닌 멀리 한국 땅까지 와서 한 주인의 발이 되어 생을 마친다는 게 어디 보통 인연인가요. 동행을 멈추게 될 그날이 언제일는지 알 수 없지만, 여러 날 외롭게 나를 방치해 두거나 충전하는 것을 깜박 잊어버려 허기가 진다해도 주인을 당황하게 만드는 일은 이제 하지 말아야겠어요.

그래야 극진히 보살펴준 주인께 보답하는 일이고, 충직했던 애마로 오래오래 기억하게 될 테니까요.

어머니란 이름으로

인간은 누구나 고통 없는 삶을 원한다.

그러나 꿈과 현실이 일치하는 그런 삶은 흔치 않다. 세상사 노력한다고 해서 호락호락 뜻대로 이루어지는 것도 아니라서, 낙심하고 좌절하면서 순리에 기대 사는 것이 우리네 인생사가 아닌가 싶다. 나 또한 근심걱정이라곤 없어 보이는 환한 미소 뒤에 가려진 어떤 말로도 위안이 될 수 없는 내 몫의 삶이, 마치 목에 걸린 가시처럼 무시로 찔러댄다는 것을 남들은 모른다.

설령 안다고 한들 뭐가 달라질 것이며, 누군들 내 고통의 짐을 대신 져줄 수 있겠는가. 깊이를 가늠할 수 없는 강물에 띄워진 조각배처럼 힘겨운 시련의 물살을 헤쳐 지나면서, 더러 소리 내어 울고 싶어질 때가 있다. 그런다고 해결될 일도 아니지만, 소나기 후의 파란 하늘처럼 가슴속 응어리가 풀리고 조금은 가슴이 후련해지는 잠깐의 위안을 안겨준다.

필히 손수건을 준비해가라는 지인의 당부가 있었던 연극 '친정엄마와 2박 3일'을 보기 위해 집을 나선다. 연극을 핑계삼아 묵은 체증같이 가슴을 짓누르는 답답함을 눈물로 풀어낼 수 있는 오늘이 바로 그런 날이 될 것 같다.

막이 오르고 생의 전부를 자식들에게 아낌없이 내어준 친정어머니와 딸의 이야기가 펼쳐진다. 남편과 사별하고 고향에 홀로 남겨진 어머니를 죽음을 앞둔 딸이 찾아와 생의 마지막 2박 3일을 보내는 이야기다.

"내가 이 세상에 와서 제일 보람된 것은 너를 낳은 일이고, 이 세상에 와서 한 일 중에 가장 후회되는 일은 그것 또한 너를 낳은 것이다. 사랑한다. 내 딸아."

목숨처럼 사랑하는 딸을 먼저 저세상으로 떠나보내야 하는 모정의 슬프고도 아픈 절규가 사정없이 눈물샘을 자극한다.

어린 나이에 시집와 낳은 아들이 전쟁터로 끌려간 뒤 생사를 몰라 애절한 기다림으로 한생을 살다 떠나신 내 어머니 모습이 겹쳐진다. 사죄의 눈물인가. 회한의 눈물인가. 관객들도 저마다의 설움에 겨워 운다. 여기저기서 들려오는 흐느낌은 마음에서 마음으로 공명이 되어 어깨가 들썩이는 파장을 일으키고 있다. 부모가 곁에 계실 때는 그 소중함을 헤아리지 못하다가 떠나신 뒤에야 부질없는 가슴앓이를 하는 것인지. 점점 희미해지는 어머니의 얼굴을 떠올리며 애틋한 그리움에 젖는다.

어머니라는 이름으로 반세기를 살아왔다. 아이들이 보다 멀리 높이 날아오르기를 바라며 내 꿈도 덩달아 커져가던 그때는 앞만 보고 달렸다. 끝 간 데 없이 이는 자연발생적인 관심과 사랑엔 어떤 보답도 염두에 두지 않았다. 세상에 존재하는 모든 어머니가 그러하듯 가족을 위한 희생은 기꺼이 감내할 수 있어야 하고 그만한 가치가 있는 일이라고 믿어온 나날들이다.

장성한 아이들이 인생의 반려자를 만나 가정을 이루게 되면서 내 앞에 펼쳐질 남은 날들의 평안을 꿈꿨다. 그러나 그건 희망사항일 뿐 염려의 끝이 아니라 새로운 마음 씀의 시작이었다. 가족이 하나둘 늘어나면서 즐거움에 비례하는 크고 작은 걱정거리들이 눈덩이처럼 불어났다. 그들 몫의 삶인데도 무거운 짐을 온통 나 홀로 짊어진 듯 힘겨워 하고 있다.

언제까지나 아이들 곁에 머물러 있을 것도 아닌데 이제 그만 자식이라는 굴레에서 벗어나야 한다고 스스로에게 다짐을 하지만, 그게 어디 마음먹은 대로 되는 일이던가. 한 생각을 지우고 나면 다시 엄습해오는 염려와 근심들. 부쩍 내 눈높이에 맞춰진 행복이란 잣대가 균형을 잃는 어지럼증에 시달리고 있다. 살아있는 한 피해갈 수 없는, 살아있으므로 겪게 되는 그러면서 치유도 함께 안겨주는 요지경 인생살이가 아닐 수 없다.

삶을 송두리째 흔들어 놓는 세찬 바람 앞에서도 흔들리지 않았던 나의 어머니. 그 고목이 스러져간 그루터기의 흔적을 더듬느라 공연이 끝난 뒤에도 선뜻 자리를 뜨지 못하다 시린 마음으로 공연장을 나선다. 생각에 잠겨 주차장으로 가는 계단을 내려서는데 공연장 뒷산에서 뻐꾸기소리가 들려온다. 남들이 모르는 가시에 찔려 아파하면서도 드러내지 못하고, 가슴앓이를 하는 것이 어머니라는 이름이 짊어지고 갈 멍에라고, 힘내라고, 죽어 새가 되고 싶다던 엄마가 내게 들려주는 응원가 같다.

그렇다. 살아가는 길에 사연이 없는 사람 없고, 아픔 없는 사람 또한 없다고 하지 않았던가. 아픔도 슬픔도 필요하기에 신이 우리에게 부여해주는 것이며, 감당하지 못할 시련은 없다고 했다.

어머니란 이름으로 다시 마음을 곧추세운다.

서글픈 아버지

서강대학의 한 교수가 서울에 거주하는 대학생들을 대상으로 한 설문조사다. 아버지에게 원하는 것이 무엇이냐는 물음에 응답자 40%가 넘게 '돈을 원한다'고 했다고 한다.

그뿐이 아니다. '부모가 언제쯤 죽으면 가장 적절할 것 같은가?'라는 물음에 63세라고 답한 학생이 가장 많았다. 이유는 직장에서 은퇴한 후 퇴직금이 있을 때 사망하는 것이 자식에게 가장 이상적이라는 것이다. 효를 중시하던 이 나라의 젊은이들이 어쩌다 심성이 이런 지경에까지 이르게 되었는지. 애써 외면하고 싶은 내용의 글이다.

근래 들어 모임에 나가면 "죽기 전에 절대로 자식에게 미리 상속을 하거나 돈을 주지 말라."는 말을 종종 듣게 된다. 그런다고 고마워할 것도 아니고, 자기가 노력해서 번 돈이 아니기 때문에 소중함도 모르거니와, 오히려 자식을 망치는 일이라는 것이다. 이런 작금의 시대상을 반영하듯 살아있을 때 『다 쓰고 죽어라』라는 책이 베스트셀러자리에 오르기도 했다.

물질만능시대의 비뚤어진 가치관을 보는 것 같아 착잡한 심정이긴 하지만, 헌신과 사랑으로 키운 내 자식만은 절대로 그럴 리가 없다고 애써 부인하고 싶은 것이 부모마음이다. 훗날 한참 부족하고 모자랐던 생각들이 얼마나 어리석은 일이었나를 깨닫게 되겠지만, 다 부질없는 일. 부모는 이미 곁을 떠나고 없을 것이다.

정신적인 나이와 늙음은 일치하지 않는다. 장수시대에 63세면 죽기엔 이른 나이다. 힘들었던 삶의 짐을 내려놓고 홀가분한 마음으로 남은 인생 자신이 주인공이 되어 살아갈 의미있는 시기이며, 아직은 할 일이 남아 있으므로 생의 허무감에 젖어 있을 만큼 한가하지도 않다.

"젊은 사람들에게 세상을 다 넘겨 주지마라. 그들에게 넘겨주는 순간 천덕꾸러기가 될 것이다."라는 셰익스피어의 중년을 위한 교훈이 있다.

하고자 하는 의지만 있다면 얼마든지 자신의 적성에 맞는 다양한 취미생활의 기회가 열려 있고, 바람 같은 자유로움을 추구할 수 있는, 인생의 황금기를 보낼 수 있는 때가 바로 은퇴 이후다.

자식들에게 짐이 되지 않는 여생을 보내기 위해 몸과 마음을 건강하게 가꾸려는 사람들로 넘쳐나는 스포츠센터나 취미활동 동호인들이 모인 현장을 가보라. 젊은이 못지않은 열정으로 자신의 잠재력을 펼치고 있는 부모세대들의 의식도 예전과는 확연히 다르다는 것을 알게 될 것이다. 노년의 삶이라 할지라도 외로울 틈이 없으며, 자기가 좋아하는 일을 찾아 몰입하는 사람들에게 나이는 한갓 숫자에 불과할 뿐이다.

세월은 기다려주지 않으며 삶이 영원하지도 않다. 자식에게 홀대받는 세상을 살고 있는 서글픈 부모 세대들이여, 이제 그만 부양의 굴레에서 벗어나 새로운 일에 도전하고, 하고 싶은 일을 하며, 남은 인생은 내가 주인공이 되는 행복한 세상을 만들어 가자.

얼굴가리개 마음가리개

가림의 수위가 지나치다 싶은 복면마스크가 유행이다. 자외신에 얼굴이 노출되는 것을 꺼리는 여성의 심리를 꿰뚫은 기발한 아이디어 상품이다. 다양한 색상의 천으로 코와 입에 공기가 통하도록 덮개를 달아 놓았는데 툭 튀어나온 모양새가 영락없는 여우주둥이를 닮았다. 맨 얼굴로도 땀이 흐르는 삼복더위에 천으로 얼굴 전체를 가린 데다, 그 우스꽝스러운 모습이 여자인 내가 보기에도 민망스럽다.

입과 코를 가리는 마스크와는 달리 복면마스크는 과격한 시위 현장이나 현금지급기 앞의 범인처럼 신분노출을 꺼리는 사람으로 비쳐지기 십상이다. 사람들 앞에 신체를 드러내서는 안 되는 코란의 가르침에 따라 눈만 보이는 히잡을 쓰고 다니는 이슬람권 여인도 아닌데, 얼굴가리개는 이제 미를 중시하는 여성들의 산책길에 필수품처럼 되었다.

어쩌다 한적한 등산로에서 복면마스크에 색안경까지 쓴 사람과 마주치기라도 하면 섬뜩해진다. 흉기라도 불쑥 들이댈 것 같아 두 손 들 준비를 해야 할 판이다. 아무리 자외선을 차단하기 위한 것이라지만 사람들에게 보여질 그런 자신의 겉모습을 생각한다면 착용에 대단한 용기가 필요하지 않을까 싶다.

일조량이 적은 유럽 사람들은 유난히 일광욕을 즐긴다. 해변이나 공원 같은 곳에서 햇볕을 쏘이려고 과다할 정도로 노출한 모습을 흔하게 본다. 드러냄과 가림의 차이이긴 하지만, 그네들이 반기는 햇볕을 차단하기 위해 얼굴가리개를 하고 다니는 우리네 여인들을 본다면 아마 기겁할지도 모를 일이다. 어제도 산책길에 복면마스크에 색안경과 모자로 완전무장을 하고 지나는 여인의 등 뒤에 대고 "그렇게 걱정스러우면 집안에 있을 것이지." 하는 남자의 비아냥거림을 들었다. 에둘러 던진 말에 뒤따르던 내가 오히려 무안해졌다. 아름다워지고 싶은 여자의 변신은 무죄라지만 가림에도 수위가 있음을 내비친 일침이 아닌가 싶다.

사람들은 복면 속에 가려진 얼굴이 제아무리 아름다울지라도 보이는 현상만으로 그 사람을 가늠한다. 그렇다면 가리개를 쓰지 않은 얼굴인 내 모습은 어떻게 비쳐지고 있을까. 나를 생각하면 미소가 먼저 떠오른다는 말을 들을 정도로 잘 웃으면서도, 내성적인 성격인 나는 속내를 드러내는 일에 지나치다 싶을 만큼 소심하다. 늘 좌중의 말을 들어주는 편이지 대화의 중심에는 끼지 못한다. 공동주택인 아파트에 십 수 년을 살면서도 승강기 안에서 이웃을 만나면 미소나 목례 정도가 고작이다. 마음 같아서는 먼저 말을 걸거나 친근감을 전하고 싶은데도 선뜻 다가가지 못하고 머쓱하게 승강기 안을 두리번거리다 문이 열리기 바쁘게 밖으로 나선다.

그러다보니 여간 친숙한 사이가 아니면 좀처럼 말문을 열지 않는 것이 의도된 침묵이 아니라는 것을 알고 있는 사람과 그렇지 못한 사람이 느끼는 나에 대한 인상은 확연히 다를 수밖에 없다.

이 나이가 되도록 내 안에 잠재된 무수한 언어들을 분출하지 못하고 보여지는 겉모습이 마치 전부인 것처럼 살고 있으니, 거리를 지나는 여인들이 복면마스크로 얼굴을 가렸다면 나는 마음의 복면마스크를 쓰고 세상을 살아가고 있다고 해야 할까.

혹 다시 태어난다면 몰라도 막힌 물꼬가 터지듯 시원해질 마음가리개 벗어버리기는 아무래도 요원할 것 같고, 남들에게 표현하지 못하는 마음을 글로 풀어낼 수 있다는 것이 그나마 다행인 것 같다.

돌이 전하는 말

- 얼굴 돌

이른 새벽에 배낭을 꾸린다. 임진강 '얼굴 돌'에 빠져 일주일이 멀다하고 탐석 길에 나서는 나를 남편은 이해할 수 없다는 표정이다. 삼복더위에 그늘 한 점 없는 돌밭을 헤매고 다니다니, 혹시 여성이기를 포기한 것 아니냐는 눈치다. 만일 누가 시키는 일이라면 엄두조차 못 낼 것이지만, 내가 좋아서 그러니 숨이 턱까지 차오르는 돌밭의 강한 자외선도 아랑곳 하지 않는다. 그뿐인가. 그리운 사람을 만나러 가듯, 새로운 돌과의 만남을 생각하며 설레는 마음을 남편이 어찌 알겠는가.

지난 6월. 서울시청 갤러리에서 수석의 새로운 장르를 선보인 예술수석전시회가 열렸다. 참여의 기회를 얻게 된 나는 그곳에 출품된 지금껏 관심 밖이었던 임진강의 호박석에 매료되고 말았다. 한국인의 정서에 어울리는 황토 빛의 친근함에 더하여 추상적 이미지를 담고 있는 다양한 형태의 얼굴 돌들은 끌림 이상의 강한 홀림으로 단번에 마음을 사로잡았다.

애석생활의 즐거움은 단연 탐석이다. 수몰되기 전 수석의 보고(寶庫)였던 남한강 돌밭을 수없이 찾아다녔었다. 댐 공사로 돌밭이 물속에 잠긴 뒤로는 한탄강이나 임진강의 돌밭에서 아쉬운 마음을 달래곤 했다. 더러 빼어난 명품 돌들이 나오던 곳이었지만, 산수경석을 선호하던 시절인 데다 매번 아쉽게 돌아서던 기억들이 남아있던 돌밭이라 한동안 잊고 지냈다.

임진강은 북한에서 발원하여 강의 허리를 군사분계선이 지나고, 철원을 거쳐 민족의 한을 싣고, 굽이굽이 휘돌아 한강으로 흘러간다. 전략적 요충지이며 천혜의 방어선이었던 임진강은 삼국시대부터 한국전쟁에 이르기까지 맹렬한 전투가 벌어졌던 비극의 현장이다. 한국전쟁 당시 죽고 죽이는 전장에서 임진강으로 진격해오는 중공군과 맞서 싸우다 수많은 참전 유엔군이 전사했으며, 그 강변에서 스러져간 한국군의 희생은 또 얼마였던가. 남과 북으로 나뉘어 휴전이 된 후에도 임진강을 건너 침투해오는 무장공비 소탕임무를 수행하다 많은 장병들이 목숨을 잃은 통한의 강이다. 가끔 탐석하던 중에 망자를 화장해 그 강변에서 흘려보내는 장면을 목격하게 되니 죽음과 연관된 임진강의 슬픈 전설이 지금까지도 이어지고 있다.

그 임진강에서 다른 강변의 돌밭과는 달리 놀라울 정도로 많은 얼굴 돌들이 탐석되고 있다. 삶의 희로애락이 그대로 드러나 있는 얼굴 돌과 어렵지 않게 만남이 이루어지고, 임진강에서 나온 얼굴 돌 108개로 전시회를 준비하고 있는 애석인까지 있다 보니, 나 또한 돌밭으로 향하는 발걸음을 멈출 수가 없다. 그동안 탐석된 얼굴 돌들만 어림잡아 수백 점에 이르나니, 이런 불가사의한 현상은 어떻게 이해해야 할지.

그간 나와 인연이 닿은 얼굴 돌에는 표현주의 작가 '뭉크'의 그림 절규하는 사람처럼 입을 크게 벌리고 비명을 지르는 모습, 참전유엔군을 연상하게 되는 오뚝한 콧날의 백인모습, 전투를 지휘 호령한 수장같이 다부진 모습, 적의 흉탄에 눈이나 코가 함몰된 전사자가 연상되는 모습에 이르기까지. 전장의 극한 상황에서 겪었을 공포, 분노, 슬픔, 고통 같은 감정들이 그대로 드러나 있다. 그러다보니 수많은 사람이 희생된 임진강 돌밭이 예사롭지 않은 곳임을 후세사람들에게 알리기 위한 자연의 섭리가 아닌가 하는 생각까지 든다.

그렇다고 꼭 비장한 모습만 있는 것은 아니다. 파안대소, 어린아이, 이야깃거리가 담겨진 익살스럽고 해학적인 얼굴도 있다. 그런데도 전장의 아릿한 비애가 느껴지는 건 왜일까.

오랜 세월 동안 강의 지형이나 유속. 그곳에만 있는 돌의 특성이 만들어내는 자연현상인 신비를 임진강 질곡의 역사와 결부시켜 유추하는 것은 어쩜 부질없는 나만의 상상인가. 임진강의 돌들에 배어있는 감정을 통해 전장의 참상을 가늠해보고, 그들의 안타까운 죽음을 떠올려보는 것은 애석생활이 부여해주는 의미 있는 사색이 아닐는지.

한낮. 돌들의 타는 갈증을 풀어주는 소나기가 한차례 흩뿌리고 지난다. 비에 젖어 생기롭게 변한 돌밭을 무심으로 거닐고 있는 나에게 돌이 말을 한다.

"그대가 누리는 평안이 어떤 희생의 결과인지 결코 잊지 말라"고.

눈을 들어 슬픈 역사를 간직한 채 무심히 흘러가는 강물을 바라본다. 며칠 전 소복한 여인이 화장한 고인을 떠나보내며 비통하게 울부짖던 곡소리와 함께, 내가 서 있는 이 강변에서 고귀한 생을 마친 전사자들의 외침이 환청처럼 귓가를 맴돈다.

다인이

손녀 다인이는 아버지가 한국인, 어머니가 중국인 사이에서 태어났다. 다인이 아빠가 캐나다 유학을 마치고, 사업일로 중국 항주에서 체류하고 있던 당시, 규모가 큰 기업의 개업행사에 귀빈으로 초청을 받았다.

그날 원탁의 모임자리에 중국 상해 이동통신업계의 재원으로 이름나 있는 다인이 엄마도 동석하게 되었는데, 옆자리에 나란히 앉게 된 청춘남녀는 첫눈에 서로에게 반했다. 그렇게 그들의 사랑은 싹텄고, 그 사랑의 힘으로 국경을 초월한 부부가 되었다.

그들 사랑의 결실인 다인이는 아빠가 중국말을 유창하게 하는데도, 아빠와 있을 때는 한국어로 엄마와 있을 때는 중국어로 대화를 한다. 가족이 한자리에 있을 때는 다문화가정의 아이답게 상황에 따라 두 나라 언어를 쓴다. 그래서 중국말을 못하는 나와도 대화가 가능하다.

주말이면 떨어져 있는 가족애를 확인시켜 주려는 제 아빠의 뜻이 담긴 국제전화가 걸려온다. 수화기를 들면 어김없이 할머니를 부르는 다인이의 밝은 목소리가 들린다.

"할머니 사랑해요. 보고 싶어요. 빨리 상해에 오세요."

전화선을 타고 다인이의 성화가 빗발친다. 두 돌을 맞을 때 다녀왔으니, 손녀 얼굴 본 지가 2년 가까이 된다. 이래저래 미루다가 하늘 길 두어 시간도 안 되는 거리를 너무 격조하게 지내온 것 같아 며칠 다녀오기로 했다.

지난번 아들집에 갔을 때 한 달 가까이 머물면서 다인이와 정을 들여놓긴 했지만 너무 어렸고, 오랫동안 만나지 못해 혹시 할머니 얼굴을 기억하고 있을까 싶었는데, 매주 전화로 대화를 해서 그런지 괜한 기우였다. 상해에 도착하던 날 유치원에서 돌아온 다인이는 할머니를 부르며 달려와 품에 안겼고, 혈육의 당김은 자석처럼 서로를 밀착시켜 주었다.

어릴 적 할머니의 사랑을 지금도 기억하고 있기에, 되도록 함께 놀아주며 아낌없는 사랑을 전해주고 싶었지만, 유치원에서 돌아오면, 씻고 낮잠 재우고, 정해진 다인이의 생활습관에 맞추다보니 같이 지낼 수 있는 시간이 많지 않았다. 아쉬운 대로 유치원에 가지 않는 주말에 다인이에게 한국동요도 가르쳐주고, 외식도 하러 다니며 내리사랑의 정붙임을 했다.

다인이와 지낸 일주일이 빠르게 지나갔다. 귀국하는 날 아침. "할머니 유치원에 다녀오겠습니다." 인사를 한다. 한국으로 가는 날이라는 말을 차마 할 수 없어, 평소처럼 잘 다녀오라며 꼭 안아주었다. 유치원에 간 사이 우리 부부는 귀국했다. 유치원에서 돌아온 다인이는 할머니를 부르며 한동안 서럽게 울었다고 한다. 할머니의 갑작스런 부재를 어떻게 받아들였을는지. 안쓰러웠다.

오늘도 전화선을 타고 할머니를 부르는 다인이 목소리가 정겹다. 다녀온 지 얼마나 되었다고 벌써 할머니가 보고 싶다며, 가르쳐 주고 온 동요 '꽃밭에는'을 목청을 돋워 불러준다. 순진무구한 동심이 뭉클한 행복감을 안겨준다.

자주 만날 수 없다보니 다인이의 성장하는 모습을 언제 다시 보게 될는지 알 수 없다. 서로의 사랑을 목소리로만 전해야 하는 아쉬운 세월이 흐른 훗날, 내가 어릴 적 할머니와의 추억을 떠올리듯, 다인이의 기억 속에도 할머니에 대한 아련한 추억만이 남게 되겠지.

방금 전 사랑한다며 할머니를 부르던 다인이의 음성이 메아리처럼 귓가를 맴돈다. 다인이가 태어나려고 아들과 며느리가 그렇게 극적으로 만나 부부가 되었는가. 한동안 전화기 앞에서 그렇게 혼잣말을 하고 있다.

아! 천지여

중국 도문시 연변 두만강수석박물관에서 열리는 국제관상석 전시회에 한민족수석회 회장 자격으로 참석해 달라는 초청을 받았다. 그곳에서 머무는 일주일간의 일정 중에는 수석전시행사와 세미나, 두만강문화관광축제 관람, 백두산 관광까지 포함되어 있어 국제적인 행사를 계획한 주최 측의 세심한 배려가 느껴졌다.

연변에 도착한 다음날 승용차로 왕복 8시간이 소요된다는 백두산 천지를 오르기 위해 안개 짙게 낀 새벽길을 달린다. 내 나라 땅이면서도 먼 길을 돌아 중국의 장백산에 올라야 비로소 만날 수 있는 백두산 천지. 같은 민족이면서도 이념의

벽에 가로막혀 자유롭게 오갈 수 없는 분단의 상처가 되살아나 가슴이 아릿해 온다. 제 아무리 어렵게 나선 걸음일지라도 하늘이 허락해줘야만 호수를 감싼 16개의 봉우리와 쪽빛 물빛을 볼 수 있다고 한다. 신령한 지경에 오르려면 여행길 번거로워진 마음부터 가다듬어야 할 것 같다.

장백산 입구에서 하늘로 이어진 가파른 경사 길을 굽이굽이 올라야 천지를 만날 수 있다는 전용셔틀버스를 탔다. 흔들리는 차창 밖으로 고산지대에서만 핀다는 야생화들이 아름다운 춤사위로 반긴다. 척박한 땅에서 군락을 이룬 생명의 신비가 경이롭다. 천지를 지척에 둔 주차장에 이르자 쾌청하다는 일기예보가 무색하게 바람결이 차갑고 한기마저 든다. 여름에도 눈이 내린다는 백두산의 변화무쌍한 날씨. 세찬바람 때문에 천지로 향하는 계단을 오르는 걸음이 자꾸 휘청거린다.

설렘으로 마주한 천지는 어디가 하늘이고 호수인지 분간조차 어려운 자욱한 운무에 덮여 있다. 그토록 와 보고 싶었던 민족의 영산이건만 거친 바람결만 용틀임하듯 운무를 공중으로 휘감아 올리며 괴성을 토해낸다. 꿈을 꾸듯 몽롱한 신비감에 젖게 하는 천지의 그 역동성에 와락 두려움마저 든다. 하늘을 가린 먹구름은 금방이라도 비를 뿌릴 기세고, 바람개비처럼 균형을 잃고 흔들리는 몸은 가누기조차 어렵다. 행여 잘못 발을 내딛기라도 하면 큰일이다 싶어 난간 보호대를 잡고 구름밭이 된 천지를 내려다본다. 온 땅이 진동하고 시뻘건 불덩이가 광란의 몸짓으로 솟구쳐 흘러내렸을 대화산 폭발 당시, 만물이 두려움에 떨었을 그때의 서늘한 공포가 온몸으로 엄습해온다. 주변에 아직도 또렷이 남아있는 화산폭발의 흔적들을 눈에 담느라 두르고 있던 스카프가 바람에 실려 간 줄도 몰랐다.

지구상에서 가장 깊다는 '하늘호수'인 천지에서 풀어헤친 머리칼 같은 운무를 펴 올리는 자연의 경이로움은 어떤 말로도 표현이 안 된다. 거기에 홀린 듯 붙박이로 천지의 모습을 가늠하고 있던 중 간절함이 하늘에 닿았던지 구름 사이로 푸른 물빛이 살짝 모습을 드러낸다. 희미하지만 근처 천길 벼랑의 검회색 속살도 보여준다. 순간의 감동을 놓칠세라 연신 카메라 셔터를 눌러댔다. 그도 잠시. 다시 모습을 감춘 천지는 먹빛 구름에 잠겨 하늘과 땅의 경계마저 가늠할 수가 없다. 건너편 북녘 땅도, 눈이 시리도록 아름답다는 천지의 물빛을 더는 볼 수 없는 한정된 시간의 기다림이다. 값진 보물일수록 깊이깊이 간직하듯 천지와의 만남, 그 감격의 순간을 아껴두라는 하늘의 뜻으로 새겨야 될 것 같다.

하산 길에 천지의 숨구멍에서 흘러내린다는 장백폭포 앞에 이르니, 장엄하고 힘찬 물줄기가 대지를 호령하듯 거침없이 쏟아져 내린다. 하얗게 부서지며 흘러가는 격한 물살이 내게 말을 건네는 것 같다. 저마다 다른 개성을 가진 사람들이 모인 단체를 여성이 이끌어 간다는 게 쉬운 일이 아니라, 더러 자존감이 상했던 마음일랑 훌훌 흐르는 물살에 띄워 보내고 가벼운 마음으로 돌아가라고, 포용과 관용의 마음을 일깨워준다.

대자연이 만들어 놓은 거대한 호수 백두산 천지의 한쪽 귀퉁이만 보고 가지만, 기약할 수 없는 기다림의 세월이 흐른 뒤 그립고 그리운 사람을 만나러 오듯 꼭 다시 찾아오리라. 그때는 내 나라 땅을 밟으면서 오를 수 있기를 바라는 마음으로 아쉬운 발길을 돌린다.

우린 한민족

2013년 8월 8일. 연변 도문시에서 열리는 두만강 국제관상석전시회와 두만강오석문화포럼행사에 한민족수석회 회원들이 참가했다. 전시회가 열린 두만강수석박물관은 중국, 대만, 한국의 애석인들과 관람객들로 대성황을 이뤘으며, 개관식을 마친 후 자리를 옮겨간 도문시청 두만강오석포럼장은 각국을 대표해 초빙된 애석인들과 방송기자, 카메라맨 등이 자리했다. 진행순서에 따라 애석인 10명의 주제 발표가 있었는데, 우리 한민족수석회도 통역을 대동하고 '남한강오석'에 대한 주제발표를 했다. 언어와 문화는 다르지만, 자연을 사랑하고 수석을 수집해 즐기는 애석인이라는 공통점 때문인지 발표하는 쪽이나 경청하는 쪽 모두 진지하면서도 시종 열띤 분위기가 이어졌다.

포럼을 마친 후 성대하게 차린 만찬에 참석했다. 식후행사로 도문시에서 해마다 열고 있는 중국두만강문화관광축제에 초대되어 귀빈석에 앉는 각별한 예우를 받았다. 사회자도 출연진도 모두 조국의 언어를 사용하는 동포들이 모인 축제한마당으로, 연변조선족자치구인 이곳은 중국이 아니라 한국의 어느 도시에 와 있다는 느낌이들 정도였다. 대형무대 위에서 축제의 시작을 알리는 사물놀이와 아리랑이 울려 퍼질 때는 우린 한민족이라는 동질감에 목덜미까지 싸한 감동이 차올랐다. 남의 나라에 살면서도 정체성을 잃지 않고 민족의 얼을 지켜낸 자랑스러운 조선의 후예들이 펼치는 공연은 가슴 벅찬 환희를 안겨줬다. 연변의 여름밤을 달구는 축제는 2시간 넘게 진행되었고, 분위기가 고조된 말미에 수백발의 축포가 밤하늘을 현란하게 수놓았다. 그 축제의 현장에서 나는 왜 두만강 건너 지척에 있으면서도 갈 수 없는 금단의 땅 북한 동포들이 생각났을까.

중국과 북한을 가로질러 두만강이 흐르는 국경도시 도문은 강을 사이에 두고 삶의 모습이 극과 극으로 나뉘어 있는 곳이다. 자신의 의사와는 무관하게 단지 그 땅에 태어났다는 이

유만으로 자유를 억압 받고 굶주림에 시달려야 하는 북한 동포들, 비록 남의 나라에 귀속된 소수 민족으로 살아가지만, 언어와 풍습 민족혼을 면면이 이어오며 당당하고 자유로운 삶을 영위하고 있는 연변의 조선족들, 극명하게 드러나는 서로 다른 삶의 모습이 무대 위 요란하게 번쩍이는 불빛을 배경으로 애잔하게 겹쳐졌다.

이튿날 두만강 강변에서 건너편 북한의 남양시를 바라본다. 사람의 기척은 보이지 않고 정적만이 감도는 집들의 창은 유리도 끼워져 있지 않아 마치 유령의 도시같이 스산하다. 자유를 찾아 생명을 걸고 두만강을 건너오는 탈북자들을 막기 위해 강가에 어른 키 높이로 쳐놓은 긴 철조망은 섬뜩한 공포감마저 든다. 하루하루 연명하기조차 버거운 그들이 강 건너편의 풍요가 얼마나 부러웠으면 목숨을 건 탈출을 시도하겠는가. 두만강 강변에 있는 탈북자 수용소에는 미래가 불확실하고 생명의 존엄이 묵살된 탈북자들이 북으로의 송환을 기다리고 있다고 한다. 그들이 당하는 고초와 시시각각 조여 올 불안을 생각하니, 안타까운 마음과 함께 내가 누리고 있는 자유의 소중함을 새삼 느낀다.

이념의 날을 세운 인간의 잣대로 그어놓은 경계선 안에서

통제된 삶을 살고 있는 북한 동포들. 이 비극적인 세월이 마침표를 찍고 백두에서 한라까지 민족이 하나 되는 통일의 그날은 언제일는지. 장마로 불어난 두만강의 탁류가 마치 민족분단의 한을 토해내듯 거칠게 흘러간다.

연길에 도착한 공항에서부터 귀국하는 날까지 편안한 잠자리와 먹을거리를 제공해주고 민족의 영산 백두산관광까지 시켜주며 세심하게 마음써주신 두만강수석박물관 김학길 관장님 내외분, 광동수석박물관을 방문하던 날 극진한 오찬대접에 풍성한 선물까지 안겨주신 연변광동제약 남홍준 회장님, 그림자처럼 우리의 일정 길에 동행하며 돈독한 우위를 다졌던 영혼이 맑고 순수한 김학송 시인님, 김경종 관장님, 오랜 지기를 만난 듯 편안한 마음자리로 여정 내내 파트너역할을 해주신 여류애석인 김명순 여사님, 연길수석문화협회 회원들이 마련해준 송별만찬회 등. 우리가 함께했던 뜻 깊은 날들을 오래오래 추억하게 될 것 같다.

일정을 마치고 귀국하는 날 귀한 선물꾸러미를 들고 공항까지 나와 배웅해주던 고마우신 분들, 삶의 거처는 서로 달라도 하나의 조국을 가진 우린 한민족임을 새삼 깨닫게 된 7일 간의 체류였다.

4.

함께 걷는 길

동행: 임종두

조선의 흙이 되다

망우리 공동묘지를 오른다.

일본인이면서 조선에 묻히기를 원했던 '아사카와 다쿠미'의 묘소를 찾아 가는 길이다. 세상근심을 놓아버린 망자들의 마을 망우리 공동묘지에 영면해 있는 유일한 일본인인 그는 일제식민시대 조선총독부 산림과에 근무하던 관리다. 일본의 목재수탈로 헐벗은 우리의 민둥산토양에 적합한 수종을 개발해 식목하고, 잣나무, 오엽송 등 인공조림으로 짧은 기간에 푸른 숲으로 만드는데 지대한 업적을 남긴 인물이다. 또한 조선백자의 멋과 민예 목공예품의 아름다움에 매료되어, 수집은 물론 우리 문화의 독자성과 전통미를 연구하여 펴낸 책 「조선의 도자명고」「조선의 소반」은 우리 것의 소중함을 일깨워주고 그 우수성을 세상에 널리 알렸다.

자국의 통치하에 있는 약소민족의 운명적 삶의 고통을 함께 아파하며 "피곤에 지쳐 있는 조선이여 다른 사람 흉내를 내기보다 갖고 있는 중요한 것을 잃지 않으면 머지않아 자신에 찬 날이 올 것이다. 이것은 공예에만 국한된 것이 아니다."라며 진심으로 조선의 독립을 염원하던 숭고한 정신의 소유자다.

우리의 문화예술품을 마구잡이로 약탈해간 일본인들과는 달리 조선의 것은 조선에 있어야 한다며 생전에 모은 수집품들을 모두 경복궁 조선민속미술관에 보존하게 했다. 조선에 있는 것이 언젠가는 무슨 일에 요긴하게 쓰일 수 있게 해 달라고 기도한 신앙인으로, 자신의 안위는 생각지 않은 채 일제의 광화문 철거를 적극 반대한 조선인보다 더 조선을 사랑했던 일본인이다.

그는 조선에 머문 17년 동안 우리말을 쓰고 온돌방에서 생활하며 우리 음식을 먹고 바지저고리에 망건을 쓰고 조선사람처럼 살았다고 한다. 일본 극우파들의 박해와 협박에 시달리면서도 약자의 편이 되었고, 일본의 잘못을 속죄하는 심정으로 하나님께 용서를 빌었다고 한다. 급성폐렴으로 41세의 젊은 나이에 사망한 그의 죽음을 애도하기 위해 몰려든 수많은 조문객들이 서로 상여를 매려고 했을 만큼 조선인의 가슴에 꺼지지 않는 사랑의 불씨를 지펴주고 떠났다.

인간의 내면에 공존하는 선과 악의 이중적인 감성 중에 선을 택했던 그는 "나를 묻어 조선의 흙이 되게 하라."고 한 유언대로 지금 망우리 공동묘지에 묻혀 있다. 국경을 초월한 인간애를 펼친 의인으로 조명 받고 있는 그를 기리는 추모학술대회가 열리고, 한일합작 영화 '백자의 사람'이 제작되고 있다는 기사는 일본인에 대한 나의 고정관념을 일순 흔들어 놓는 계기가 되었다.

그의 묘소를 찾아가 화해의 마음을 전하고 싶은 감동이 크게 일었다.

어림짐작으로 찾아가야 하는 부담까지 더해진 초행길인 데다 30도를 웃도는 더위는 헉헉 소리가 절로 나올 만큼 숨이 찼다. 굳이 오늘이어야 할 이유가 있는 것도 아닌데 마음이 이끄는 대로 나선 걸음이다. 구불구불 산허리를 감아 걷는다. 잠자는 영혼들을 깨우기라도 하듯 매미들의 합창소리가 요란하다. 저 그악스런 생명체들의 소리마저 들리지 않는다면 죽음만이 가득한 공동묘지에서 느끼는 생의 허무감에 질식이라도 할 것 같다.

그의 묘소는 한용운, 이중섭, 박인환, 오세창, 방정환 등 한 시대를 풍미하고 떠난 역사적 인물들이 잠들어 있는 사색의 길에 이웃하고 있었다. 생전에 그토록 좋아했다는 청화백자 달항아리 모양의 묘표석과 '한국의 산과 민예를 사랑하고 한국인의 마음속에 살다간 일본인 여기 한국의 흙이 되다'라고 훗날 그를 기리기 위해 세운 비석이 무덤을 지키는 수문장 같이 나를 맞는다.

앞서 누군가 다녀간 듯 흰 국화다발이 아직 시들지 않은 채로 상석에 놓여 있다. 정성껏 준비해간 꽃다발을 그의 영전에 바친다. 길지 않은 생을 살았지만 그가 살았던 생에 갑절을 더한 사후까지도 추모의 발길이 끊이지 않으니 타국에 묻혔지만 결코 외롭지 않으리라.

멀리로 한강이 내려다보이고 숲 사이로 우뚝우뚝 솟은 아파트들이 도시의 발전된 모습을 보여준다. 머지않아 자신에 찬 날이 올 것이라며 약소민족의 고달픔을 위로해 주던 그도 눈부신 도약을 이룬 조선의 오늘을 지하에서 기뻐할 것만 같다.

길이 전해질 그의 고귀한 삶의 자취가 한일 양국 갈등의 골을 메워주고, 존중의 관계를 회복하는 계기가 되길 기원하는 마음으로 묘역을 내려선다.

지금이 그때

부쩍 병원 출입이 잦아졌다. 치과와 안과를 번갈아 들락거린다.

사는 동안 불편을 최소화하려면 불가피한 보수공사다. 무거운 줄 모르고 들고 내리던 가구며 수석도 힘에 부치다 싶으면 겁부터 난다. 나이테처럼 늘어나는 세월을 보태며 몸 여기저기서 드디어 신음소리를 내기 시작한 것이다.

하긴 오래 될수록 귀한 대접을 받는 명품악기도 아니고, 그 많은 날 쉼 없는 쓰임에 무쇠인들 온전하겠는가. 유행이 한참 지난 옷이나 변색된 가방이라면 리폼으로 다시 태어날 수도 있으련만, 어제 산 물건이 오늘은 옛것이 되어버리는 스피드시대에 그나마 주눅 들지 않고 예까지 왔으니 감사한 일 아닌가 싶은데도, 부쩍 생전의 어머니 말씀이 생각나는 요즘이다.

치아가 부실했던 어머니는 음식을 제대로 씹지 못하니 맛도 모르겠고 소화도 잘 안 된다고 늘 불편을 호소했다. 그때는 몰랐다. 총각김치를 통째로 아작아작 씹는 나를 물끄러미 바라보시다 "먹을 수 있을 때 많이 먹어라." 하시던 말씀 속에 드리워진 그 깊은 뜻을. 나이 들면 생기는 자연현상이려니 가볍게 넘기던 일들이 내 발등의 불이 된 후에야 비로소 헤아리게 되니 참으로 불효막심이다.

노년의 어머니는 내일은 기약할 수 없다며 하루가 멀다 하고 피붙이들을 찾아다니고 싶어 했다. 움직일 수 있을 때 한 번이라도 더 얼굴을 봐야 한다는 생각은 거의 신앙에 가까웠다. 그러던 어머니가 타인의 도움 없이는 출입이 불가능해지자 자유롭게 움직이던 그때가 그립다며, "십년만 젊었으면…." 을 독백처럼 내비치셨다.

어머니가 그토록 돌아가고 싶었던 나이가 되려면 양손가락을 접었다 펴야할 만큼 나는 아직 훨씬 뒤에 서 있다. 가고 싶은 곳도 하고 싶은 일도 마음만 먹으면 언제라도 가능하다. 그런데도 병원출입이 잦아지면서 마치 조울증에 걸린 사람처럼 마음이 허약해졌다.

물건 하나를 사도 전 같지 않게 그것의 쓰임에 생각이 깊어지고, 새 옷을 마련하기보다는 있는 것 중에서 골라 입자는 식이다. 여행을 좋아하던 역마살도 집 나서면 고생이라는 앞선 마음에 번번이 제자리를 지키고 있다. 때 이른 체념에 발목을 잡힌 것은 아닌지.

지금 나는 가버린 날의 소중함을 일깨워주시던 어머니의 당부 같았던 말씀 속 그때를 향해 가고 있다. 훗날 내게도 어머니가 그랬던 것처럼 부질없는 바람인 줄 알면서도 지나간 시간을 되돌려 놓고 싶어질 때가 분명 올 텐데….

세찬 물살에 떠밀려가듯 올 한 해도 꼬리만 남겨 놓고 있다. 속절없이 흘러 가버린 날들을 그리워는 할지라도 후회하지는 않는 그때가 되도록 마음을 새롭게 다져야겠다.

그 남자, 그 여자

아파트입구 공중전화 박스에 그가 또 나타났다. 언제나 똑같은 행색에 덕지덕지 때에 절어있는, 한 번도 풀지 않았을 것 같은 묵직한 보따리를 등에 짊어지고 있다. 군데군데 닳아 있는 천 사이로 내용물이 얼비치긴 해도 야무지게 동여 맨 모양새가 예사솜씨가 아니다. 그의 어둡고 날카로워 보이는 인상 때문에 행여 눈이라도 마주치면 낭패를 당할 수도 있겠다 싶어 잰걸음으로 곁을 지나치곤 했다. 오늘은 발 옆에 놓인 두 개의 보따리까지 등을 보이고 서 있는 공중전화박스 안이 꽉 찬다.

매번 동전이 들어가 있지 않은 무응답 상태에서 일방적인 독백을 허공에 날리는 그에게 무슨 곡절이 있는 것일까. 슈퍼에 다녀오는 동안에도 여전히 전화기를 움켜잡고 똑같은 말을 반복하고 있다. 쩌렁쩌렁 목청을 높여가며 마치 열변을 토하듯 거침없이 내뱉는 단어 중에 가장 많이 등장하는 것이 아버지와 어머니다. 격하게 삿대질까지 해대며 마치 녹음기를 틀어놓은 듯 앞뒤가 연결되지 않는 똑같은 말을 되풀이 한다. 그의 잠재의식 속에 각인되어 있는 분노를 작심하고 표출하고 있는 모양새다. 극도의 정신적 이상 현상을 유발하게 된 동기가 가족 사이의 아픈 상처 때문인가. 저 무거운 짐 보따리는 왜 늘 힘겹게 메고 다니는 것일까. 괜한 궁금증이 인다.

왕십리가 종점인 분당선 전철을 타고 출발을 기다리고 있던 중이었다. 한낮이라 한산한 전철 안으로 사십대 초반쯤 되어 보이는 차림새가 예사롭지 않은 여인이 들어왔다. 입은 마스크로 가렸고 두 코에는 하얀 휴지를 길게 꽂고 있다. 한손에는 작업장에서 인부들이 쓰는 안전모를 다른 손에는 낙서가 빼곡한 검은 소형수첩을 쥐고 있다. 눈동자가 반쯤 풀린 그녀는 갑자기 다리를 쩍 벌린 채 어긋어긋 전철 안을 휘젓고 다니며, 수치심도 잊은 채 차마 입에 담지 못할 낯 뜨거운 말을 반복한다. 그것도 앉아 있는 사람의 얼굴을 빤히 쳐다보면서. 어이없고 곤혹스러운 상황을 모면하려는 승객들은 무심한 듯 애꿎은 전화기에만 시선을 보내고 있다.

그가 서너 정거장 지나 내린 후 옆자리의 아주머니가 "돌아도 단단히 돌았네. 필시 실연을 했던지. 아니면 남자를 증오할 만한 큰일을 당한거야." 혼잣말을 하며 혀를 찬다. 극도의 피해망상증에 걸려 대중 앞에서 민망하고 괴기한 행동을 서슴지 않으니, 어쩌다 저 지경이 되었을까. 그가 정상인이 되는 희망을 점칠 수 없을 만큼 절망적인 처지에 놓이도록, 동기부여를 한 가해자는 그녀의 이런 참담한 현실을 알기나 할까. 한동안 안쓰러운 마음이다.

지금 우리는 고도의 문명사회에서 물질의 풍요를 한껏 누리며 살고 있다.

그런데도 더 많은 것을 탐하게 되고, 치열한 경쟁의식 속에서 내가 잘 되기 위해서는 상대방의 상처 난 마음도 간과하는 정신적 빈곤상태에 노출되어 있다.

마음중심을 잡지 못하는 인간관계의 유혹으로 인해 감당하기 어려운 사건에 휘말리거나 회복불능상태에 빠지게 되면,

더러는 그 충격의 후유증으로 현실이 아닌 망상 속에 갇혀, 비정상적인 행동을 하는 정신분열 상태를 일으키게 된다니, 소중한 생을 송두리째 빼앗기는 안타까운 일이 아닐 수 없다.

공중전화박스의 그 남자와 전철 안에서의 그 여자. 그들은 삶의 길에서 마주한 좌절을 극복하지 못하고 정신이상현상을 일으켜 거리를 떠돌고 있다. 미래는 그 누구도 예측할 수 없다. 사람의 두뇌는 곧 생각이고 인격이라는 말에 부합하는 삶을 살아가려고 하지만, 그 인격이 언제 장애를 일으키게 될지 모를 일이다.

극도의 피해망상증을 앓고 있는 그 남자와 그 여자를 만나면서, 내 안 감정조절기능을 더욱 견고히 해야겠다는 생각을 한다.

으더박시

- 내 고향 사투리

태어나고 자란 충청도 고향 살이보다 서울에서 보낸 날들이 두 배도 넘는다. 그 숱한 세월 동안 표준어에 가려져 있던 그리운 방언은 바로 내 유년기 속에 선명하게 새겨진 '으더박시'이다.

으더박시는 충청도 방언으로 거지를 어우르는 말이다. 으더는 '얻다'의 의미어(意味語)이고 박시(博施)는 많은 사람에게 널리 사랑과 은혜를 베푼다는 뜻이다. 내 집에 온 걸인을 빈손으로 보내지 않도록 하려는 충청도의 넉넉한 인심을 나타낸 방언이 아닌가 싶다.

지금은 문전걸식하는 사람들이 없지만, 힘든 보릿고개를 넘던 지난날은 해진 옷에 빈 깡통을 든 으더박시들이 식사 때가 되면 구성진 각설이타령을 부르며 밥 동냥을 했었다.

그들 중에는 얼굴이나 손이 험하게 일그러진 나환자들도 있었는데. 열려 있는 대문 안으로 불쑥 들어서기라도 하면, 어린 마음에 어찌나 무섭던지 식구들이 있어도 기겁을 하고 방문 고리를 걸고 숨곤 했다. 그래 그런지 많은 충청도 방언들 중에 먼저 떠오르는 것이 '으더박시'이다.

서로 나누며 더불어 살아가자는 뜻이 담긴 으더박시는 모든 것이 풍요로워진 요즘도 마음에 새기며 살아야할 그리운 방언이다.

이뤄진 꿈

비자연장을 위해 연변으로 떠난 그가 돌아왔다. 비를 몰고 온 태풍 '메아리'가 항로를 방해하면 어쩌나 일기예보에 신경을 집중하며 그의 안전한 입국을 기원했다. 그에게로 향하는 제어할 수 없는 마음의 쏠림현상은 스스로 생각해도 놀라운 일이다.

지난 7개월 동안 모방송국에서 노래에 재능이 있는 가수를 발굴하는 글로벌오디션 위대한 탄생이 방영되었다. 한국, 미국, 캐나다, 일본, 중국 등지에서 선발된 가수 지망생들이 매주 경연을 통해 탈락자를 가리는 프로그램이다. 최종 우승자에게는 3억 원의 상금과 고급세단이 수여된다. 과연 이 화려한 스타탄생의 행운을 거머쥘 주인공은 누가 될 것인지. 각본 없는 드라마를 보기 위해 매주 기다림과 긴장감 속에 보냈다. 유독 마음이 가는 도전자가 있었기 때문이다.

그는 연길에서 온 22살 '백청강'이라는 조선족 청년이다. 한국에서 일하고 있는 부모와 떨어져 9살 때부터 혼자 지냈으며 가족이 함께 생활한 기간이 1년도 채 안 된다고 했다. 그리움과 외로움을 달래기 위해 노래를 불렀고 줄곧 아버지가 일하고 있는 한국에서 가수가 되는 꿈을 키워왔다고 한다.

중국에서 실시한 경연대회서 여러 번 수상하기도 했지만 소수민족의 한계로 인해 자신의 꿈을 펼칠 수가 없었다. 희망의 끈을 놓치지 않으려고 밤무대서 노래를 하며 지내던 중 중국 청도에서 열리는 오디션 소식을 듣게 된다. 절호의 기회였다. 연길에서 청도까지는 기차로 36시간이나 걸리는 먼 거리였지만 오직 꿈을 이루겠다는 일념으로 달려가 예선에 합격한 후 그렇게도 바라던 집결지 한국으로 오게 되었다.

매주 경쟁자들을 물리치고 살아남아야 하는 긴장감의 연속이다. 새로운 곡을 소화해야 하는 힘겨운 일정을 하루세끼 라면으로 때운다는 안쓰러운 사연은 모성보호본능까지 자극하며 그를 더욱 지지하게 했다.

회를 거듭할수록 드러나는 그의 뛰어난 가창력과 타고난 절대음감의 매력은 들으면 들을수록 깊이 빠져들었다. 뛰어난 춤솜씨에 여러 장르를 넘나드는 천부적인 끼와 잠재력은 갈수록 다른 경쟁자들 속에서 빛을 발했다. 꿈을 향한 절박함까지 더해진 그의 노래는 중국에서 발견한 원석이라는 심사위원들의 격려에 부응하며 점점 반짝이는 보석으로 다듬어져 갔다.

그는 청중의 마음을 집중하게 만드는 묘한 마력을 가졌다. 짙은 호소력에 가슴을 울리는 애절함까지, 그만이 들려줄 수 있는 음색으로 감정이 이입(移入)되게 하여 수많은 팬들을 만들어냈다. 스타는 대중의 사랑이 있어야만 성공할 수 있다. 파이널무대서 그가 위대한 탄생의 주인공이 된 것은 우연이 아니라 예견된 일이다. 열정과 투지로 이뤄낸 코리언드림의 성공스토리는 앞으로 같은 길을 가려는 젊은이들의 표상이 될 것이다.

그가 꿈꾸어온 가수의 길이 현실이 되는 감격의 순간을 지켜보며, 아직도 잠재의식 속에 남아 있는 이루지 못하고 접어야 했던 나의 꿈. 그 아쉬운 미련과 마주했다. 그리고 그를 통해 대리만족하려는 것은 아닌가 싶게 나이도 잊은 채 그가 내게 안겨준 일상의 싱그러운 변화들을 즐기며, 그를 지지하는 열성팬이 되었다.

음악은 세계 공통의 언어다. 가수로써 출발점에 선 그의 꿈은 이제부터가 시작이다. 대중이 달아준 꿈의 날개를 활짝 펴고 더 멀리 더 높이 날아올라 마이클 잭슨처럼 되고 싶다던 그의 야심찬 희망이 아시아를 넘어 세계를 품는 그날이 오기를 바란다.

현대판 놀부

가지면 더 갖고 싶은 게 사람의 심리다.

물질만능시대를 살며 재물만 있으면 삶의 질이 달라질 수도 있으니, 여기까지만 하는 적정선을 찾기도 자제심이 제구실하기도 어렵다. 탐욕의 대명사격인 놀부의 심보는 어린아이까지 다 아는 바라 그리 새삼스러울 것도 없지만, 내 것은 응당 내 것이고 남의 것도 내 것으로 만들고 싶어 안달인 사람을 보면 예외 없이 놀부가 연상된다.

요즘 평정심을 잃어버린 결과로 명예에 치명적인 손상을 입은 현대판 놀부이야기로 세상이 떠들썩하다. 일부러라도 제비

다리를 부러뜨려 황금알을 낳는 박씨만 물어오면 그만이라던 실종된 양심으로 인해 몰매를 맞고 있다. 이 놀부 때문에 많은 사람들이 상대적 박탈감에 빠져있다.

좀 더 못 가져 안달인 놀부와는 달리 제 것도 제대로 지키지 못하는 흥부 같은 자신의 처지가 안쓰러워서일 게다. 이름난 놀부일수록 자기 방어에 능하다. 요리조리 빠져나가려는 순발력에 상대가 만만하다 싶으면 강펀치라도 날려댈 기세라 시시비비가 명쾌하게 가려지지 않는다. 안하무인격인 놀부의 심술에 참견자로 몰려 낭패를 당하느니, 방관자로 있는 게 오히려 마음 편하다는 어눌한 논리까지 훤히 꿰뚫고 있다 보니 자연 놀부의 심보가 더 기고만장할 수밖에.

내가 취미삼아 모아온 수석은 공산품처럼 만들어내는 물건이 아니다. 그 생김새가 어디에도 똑같은 것이 없다. 자연 이건 이래서 저건 저래서 마음이 가다보니 내게도 더러 그 놀부 근성이 합세하기 마련이다. 마음에 드는 것이 어찌어찌 내 것으로 낙점되면 얼마간은 성취감에 실없는 미소를 날리기도 하지만, 그도 욕망의 끝은 아니다. 빛을 찾아다니는 부나비처럼 다시 새로운 것을 탐닉하게 된다.

그렇다면 나는 놀부 편인가 흥부 편인가. 아무래도 놀부 편에는 서고 싶지 않다. 그렇다고 세상물정에 둔한 흥부같이 사는 것도 그리 마음 내키는 일은 아니다. 이도 저도 아닌 얼치기인가 싶다가도 더러는 놀부의 번뜩이는 승부근성이 감탄스럽기까지 하니, 정도를 걷기 위해 마음중심 잡기가 참으로 어려운 일임엔 분명하다. 지나치면 부족함만 못하다 했다. 누구도 자유로울 수 없는 것이 재물의 유혹이고, 제어 장치가 고장 난 자동차처럼 결국 자기 파멸의 길로 들어설 수도 있다.

탐욕에 휘둘려 만인의 입방아에 오르내리는 현대판 놀부 이야기는, 이 시대를 살아가는 사람들에게 어쩌면 나에게도 해당되는 바늘 끝 교훈이 아닌가 싶다.

괜찮아

- 내가 사랑하는 말

세 살배기 손자가 미끄럼틀에서 넘어져 이마를 다쳤다. 벌겋게 부풀어 오르는 상처를 보며 내심 놀라긴 했지만, '괜찮아' 아무렇지도 않은 듯 일으켜 세웠다. 억양의 높낮이에 따라 두 의미를 지닌 이 말은 아프지 않느냐고 묻는 동시에 상처를 대수롭지 않게 여기도록 하려는 뜻으로 쓰인다. 제 모습을 볼 수 없는 손자는 내 말에 안심이 되었는지 다시 노는데 열중한다.

지난날 고만고만한 세 아들 키우며 수없이 했던 말도 바로 '괜찮아'다. 옷도 똑같은 것이어야 하고, 장난감을 두고도 먹을 것 앞에서도 툭하면 울음보를 터트리기 일쑤였다. 그럴 때면 나는 "괜찮아. 형제끼리 싸우며 크는 거야." 나무람보다는 그럴 수 있다는 쪽을 선택하곤 했다.

아이가 대학입시에 낙방해 좌절감에 빠졌을 때도 제일 먼저 한 말이 '괜찮아'였다. 이 말은 실수를 눈감아주고 기회를 열어준다는 뜻도 있지만, 앞으로 잘 될 거라는 희망과 긍정을 심어주는 응원의 말이기 때문이다.

세밑 빙판에서 넘어져 깁스를 한 채 겨울을 보냈다. 응급실로 실려 갈 정도의 큰 부상이었지만, 이때도 예외 없이 마음을 다잡아준 것은 '괜찮아'였다. 다리가 아니기에, 오른팔이 아니라서 불편을 그나마 줄일 수 있으니 불행 중 다행이 아닌가. 어차피 당한 일 시간이 지나면 모든 것이 본래의 모습으로 회복될 거야. 스스로에게 주문을 걸며 집안에서만 지내는 답답함을 견뎌냈다.

인간관계에 있어서도 나는 '괜찮아'의 마법을 쓴다. 믿었던 사람이 실망감을 안겨줄 때도 '사람이 완벽할 수 없잖아. 괜찮아' 스스로 최면을 걸듯 뇌이면 서운함보다는 되레 마음의 평안을 얻게 된다.

이렇듯 '괜찮아'는 응원의 말이자 위로와 기회를 열어주는 여러 의미를 담고 있어 나는 이 말을 좋아한다.

다시 초보가 되는 즐거움

그날이 그날 같은 일상에 바람 같은 자유와 설렘을 안겨주는 탐석을 나는 애석생활의 백미로 꼽고 있다. 그러나 여자 혼자서 강이나 바다의 돌밭을 찾아 나서는 일이 쉽지 않아서, 탐석 길에 동행할 수 있는 같은 처지의 여성 애석인이 한두 명 있었으면 하는 마음이 간절했었다. 그런 오랜 소망이 이루어진 요즘, 그간의 아쉬움을 넉넉히 보상받는다 싶게 자주 돌밭을 찾아가 자연과 교감을 나누고 있다.

그는 드러내지 않고 애석생활을 해온 여류 수석인이다. 내 집에서 그리 멀지 않은 곳에 살고 있었는데도 그동안 그의 존재를 전혀 몰랐다. 그런 나와는 달리 그는 십여 년 전 어느 애석인으로부터 내 이야기를 전해 들었고, 그와 내가 가까이 지내면 좋을 것이라는 권면을 받았다고 한다. 그러나 인연의 때가 아니었던지. 그로부터 많은 시간이 흐른 뒤에야 우리의 만남이 이루어졌다.

매주 화요일은 그와 내가 탐석을 가는 날이다. 출발시간인 6시가 되면 어김없이 그의 차가 내 집 앞에 도착해 있다. 그 시간에 맞춰 준비하고 오려면 아마 새벽 4시에는 일어났을 게 분명한데도 피곤한 기색을 하지 않는다. 일주일이 지루하게 느껴질 만큼 기다리던 돌밭행이니, 새벽인들 뭐 대수냐는 생각은 나도 그와 매한가지라서 먼 길도 지척인 듯 떠남이 즐겁다.

그와 나는 띠 동갑이지만, 서로가 나이를 의식하지 않는다. 우리가 지향하는 애석생활의 동질감이 세대차이의 벽을 허물고 각별한 우의를 다지게 만들어 주기 때문이 아닌가 싶다. 우리는 지나치다 싶게 돌을 좋아하는 것이며 적극적인 성격까지 빼닮았다. 우열을 가리기 어려운 탐석열정은 일단 정해진 날짜를 바꾸거나 미루는 일이 없다. 여름 한낮의 뙤약볕도 겁

내지 않으며, 억수같이 비가 쏟아져도 일단 출발을 감행한다. 비가 내리면 비옷을 입으면 되고, 비 맞은 돌이 더 예뻐 보인다며 너스레를 떠는 자칭 돌에 미친 여인들이다. 만약 둘 중에 한 명이 반기를 든다면 절대로 가능하지 않을 일이지만, 우리가 치는 맞장구가 신명을 더하면 더했지, 한 번도 낭패를 당하거나 헛수고한 일은 아직 없었다.

늘 그렇듯 미명에 나선 탐석 길이다. 초겨울인 임진강은 자욱한 안개가 어려 있고, 하얀 서리에 덮인 언 땅의 돌들은 끄떡도 하지 않는다. 우리는 강변에 앉아 뜨거운 커피로 시린 몸을 녹이며 대지에 햇살이 내려 땅이 녹기를 기다린다. 이렇게 될 걸 뭐가 그리 급해 서둘러 왔는지 모르겠다는 두 여인의 웃음소리가 바람에 실려 흩어진다.

해가 떠오르자 마치 보물찾기를 하듯 뿔뿔이 헤어져 돌밭을 헤집고 다니는 우리의 탐석삼매경은, 나이 들어간다는 세월의 덧없음이나, 세상사 시름들이 비집고 들어올 틈이 없는 그야말로 몰입과 순수의 시간만이 존재한다.

그녀와 나는 요즘 돌의 내면을 들여다보는 추상석의 매력에 빠져들고 있다.

뒤늦게 예술수석의 새 길을 걷게 되면서 나 자신의 관점과 시각이 마치 피카소의 눈으로 사물을 보듯이 한 점의 돌에서 여러 개의 겹친 사물을 발견하는 묘한 경험을 하고 있다. 그렇게 변해가는 눈높이에 따라 탐석해온 돌들이 새로운 형태의 좌대에 앉아, 산수경석의 아름다움에 매혹 당하던 내 시선을 사로잡으며 군계일학처럼 석실의 한자리를 차지하고 있다.

자연형태인 미완의 돌, 못생긴 돌, 한쪽이 없는 외눈박이, 생략된 선과 면이 우리의 감성에 와 닿는 묘한 울림이 조금씩 느껴지고, 단순히 자연의 무엇 무엇을 닮았다고 하는 발견의 미학적 수석에서 한 단계 다른 세계를 넘나드는 기분이다. 마치 실경의 풍경화를 수집하다가 강렬한 색채와 선이 굵은 인상파의 기발한 추상화를 접하게 되었거나, 헉클베리 핀의 모험을 떠나는 것 같은 흥분되는 설렘이 있다. 이렇듯 새롭고 이상적인 아름다움을 만나게 되는 추상의 세계, 이 새로운 장르에 접근해가는 일은 무한한 상상력을 요하는 예술의 경지이지만, 기꺼이 다시 초보가 된다는 즐거움으로 조금씩 안목을 키워가고 있는 중이다.

오늘도 임진강 돌밭에서 시간의 흐름마저 잊은 채 수많은 돌들과 눈 맞춤하며, 땅을 파서 묻혀있는 돌을 뒤집어보고, 들었다 놓기를 수십 수백 번. 끊임없이 반복하는 중노동이지만 피곤을 느끼기는커녕 돌밭에서 머무는 하루해는 짧기만 하다. 다시 기다림이 시작되는 돌밭과의 헤어짐, 해질녘 강변 갈대숲에 마음 한 자락 남겨둔 채 아쉬운 발길을 돌린다.

풍 경

철마가 수증기를 내뿜는 승강장에서 사랑하는 사람을 떠나보내고 맞이하던 이별과 만남, 기다림의 장소였던 서울역 구역사는 수많은 사람들의 삶의 애환이 서려 있는 곳이다. 붉은 벽돌 외벽에 비잔틴식 돔으로 장중하게 지어진 이국적인 건물로, 2층에 있던 양식당은 지난날 정찬을 즐기던 품격 있는 만남의 장이자, 화려한 샹들리에 불빛 아래서 모던보이들이 도시의 고독과 애수에 젖어들던 추억의 장소다. 내게도 젊은 날의 설렘과 아련한 기억들이 향수처럼 묻어나는 이곳은, 고속철도가 생기면서 바로 옆에 지어진 민자 역사에 자리를 내어준 채 한동안 폐쇄되었다가 새로운 문화공간으로 태동했다.

그곳 구 역사에서 아시아프 미술제가 열리고 있다. 대만, 인도, 일본, 싱가포르, 한국 등 아시아지역 30세 미만 대학생들과 졸업생들이 자발적인 공모의 선발을 거쳐 출품한 작품들을 1, 2부로 나누어 일주일씩 전시하는 규모가 상당히 큰 전시회다.

게다가 화랑이 내세우는 기성작가의 작품이 아니라, 신진작가들의 작품에 객관적인 가격을 제시해 부담 없이 작품을 구매할 수 있다고 하니, 그림에 관심이 있는 나로썬 놓칠 수 없는 기회라 싶어 전시장으로 향했다.

개장시간이 11시인데 이른 시간에 나와 미리 표를 구하려는 관람객들의 행렬이 길게 이어져 있다. 방학 중인 아이들의 손을 잡고 온 가족들이며 다양한 연령층의 관람인파가 미술계의 새로운 시도인 아시아프에 거는 기대감을 느끼게 한다.

입장권을 사기 위해 한 시간 가까이 줄을 서고 있다. 서울의 관문인 광장은 삶의 밑바닥으로 내몰린 노숙자들로 넘쳐난다. 무더운 날씨에 오랫동안 빨지 않은 옷에선 땟물이 흐를 것 같다. 몇 무리는 주위를 의식하지 않은 채 신문지를 펼쳐놓고 막걸리 판을 벌이며 역겨운 냄새를 풍긴다. 맨발로 박스

위나 벤치에 벌렁 큰대자로 누워 잠을 자는 사람들은 낮과 밤의 경계마저 없다. 갈지자걸음으로 다가오는 취객의 처진 눈꺼풀은 금시라도 시비를 걸어올 것 같아 불안하다. 정오가 가까워오자 종교단체에서 제공하는 무료급식을 받기 위해 노숙자들이 우르르 광장 한편으로 몰려든다. 광장을 거처 삼아 살아가는 노숙자들이 저리 많은 것에 새삼 놀란다.

전시장 내부로 들어섰다. 눈이 휘둥그레질 만큼 많은 작품들이 걸려 있다. 하나같이 속기가 드러나지 않는 참신함이 담겨 있다. 앞서 입장한 사람들이 마음에 드는 작품마다 구매 딱지를 붙여 놓았는데, 훗날 이들 중에 피카소나 박수근 같은 화가가 나올 수도 있겠다싶게 더러는 예술성이 뛰어난 작품도 눈에 띈다. 옛 모습 그대로인 역사내부도 그림 못지않은 볼거리를 제공해준다. 느긋하게 작품을 감상하며 한껏 생활의 여유를 즐기는 사람들과 무미하게 풀어져 희망이라곤 없어 보이는 노숙자들이 있는 밖의 풍경이 창을 사이에 두고 묘한 대비를 이룬다. 하루하루 목숨을 부지하기에 급급한 저들인들 그렇게 살고 싶겠는가. 저마다 아픈 사연 따라 광장까지 흘러들었을 것인데 참으로 공평하지 않은 삶이 아닌가 싶다.

전시장을 나선다. 건너편 부의 상징물 같은 빌딩들을 배경으로 도로를 질주하는 자동차들의 역동성. 나태한 타성에 빠져 있는 광장의 갈 곳 잃은 노숙자들. 한생을 살아가는 일이 자신의 의지와는 무관하게 운명 지어지는 것은 아닌지. 지하철 계단을 내려오며 생각에 잠긴다.

어울림이 안겨준 행복

세 아들이 모두 가정을 이루고 분가해 살고 있다 보니, 온 가족이 한자리에 모이는 일이 쉽지 않다. 자식이 장성하면 부모 곁을 떠나는 것은 당연한 이치다. 아쉬움이라면 막내가 외국에서 살고 있어 명절이나 대소사에 참석하지 못할 때가 많다. 자연 부모자식 간이나 형제끼리의 만남이 소원해질 수밖에 없는데, 남편의 뜻 깊은 생신을 맞아 의미 있는 가족여행을 계획하고 있다는 낭보를 전해왔다.

2014. 12. 24일 여행의 집결지인 제주 해비치호텔에서 아들, 며느리, 손자손녀들 온 가족이 한자리에 모이는 특별한

만남이 이뤄졌다. 여장을 풀고 저녁만찬 자리에 둘러앉았다. 생신케이크에 촛불이 켜지고 축하의 노래를 합창한다. 샴페인 잔을 높이 들어 건배를 외친 뒤, 주거니 받거니 술잔이 오가고 분위기가 한껏 달아오른다. 덩달아 기분이 들뜬 손자손녀들의 천진한 모습에 웃음꽃이 피어나는 더없이 즐거운 식사자리다. 자식들 입에 맛있는 음식 들어가는 것을 지켜보는 것만큼 즐거운 일이 없다더니. 바라만 보아도 포만감이 느껴지는 모처럼의 행복이다.

남편의 얼굴이 상기되어 있다. 아버지라는 이름으로 살아온 지난 세월의 감회 때문일 것이다. 그와 내가 부부라는 이름으로 만나 태어난 세 아들이 독립된 가정을 이루고, 손자손녀들을 낳아 가족이라는 공동체를 이끌어 가는 건강한 사회인이 되었으니, 석양 앞에 서 있는 남편이 살아낸 숱한 세월이 그냥 허투루 흘러간 것이 아니었다. 옆에서 지켜보는 내 마음도 먹먹한 전류가 흐른다.

갑자기 등장한 산타할아버지가 아이들에게 색다른 즐거움을 안겨준다. 식당에서 준비한 깜짝 이벤트다. 멀리 있어 자주 만날 수 없는 가족들에게 세심하게 마련해온 선물꾸러미를 일

일이 안겨주는 막내며느리의 넉넉하고 훈훈한 마음 씀이 생신을 겸한 성탄의 기쁨을 배가 시켜준다. 불빛이 현란하게 반짝이는 노래방에서 삼대가 어우러진 식후 뒤풀이도 세대차이의 벽을 넘어 격의 없이 노래하고 춤추는 자리가 되어 신명을 더해줬다. 초등학생인 손녀 수민이는 인기 아이돌 가수의 노래들을 어찌나 잘 부르던지. 그 끼를 지켜보는 모두를 놀라게 했다. 특별한 추억으로 기억될 여행지의 첫 밤은 그렇게 흥겨움 속에 흘러갔다.

이튿날부터 정해진 일정표에 따라 손자손녀들에게 감귤 따기, 케이크 만들기, 물놀이, 승마타기 같은 체험학습을 시켜주고, 여러 나라의 고양이, 곰 인형들로 꾸며 놓은 인기 테마공원, 한라산, 민속촌, 유명 맛집 등을 찾아다니며, 자주 만나지 못해 아쉬웠던 혈육의 정을 나누는 황금 같은 시간을 보냈다.

일정 마지막 날은 쇼핑을 하거나 각자 저희들 가족끼리만 보내는 자유 시간을 가졌다. 아빠와 바닷가를 산책하던 손자 대원이는 근처 돌밭에서 손바닥 크기의 잘 다듬어진 하트모양의 현무암을, 대진이는 구멍이 숭숭 뚫린 소품 괴석을 들고

와 수석수집가인 내게 선물이라며 안겨준다. 어릴 때부터 할머니 집에 드나들면서 자연스럽게 수석에 관심을 갖게 된 그 세심한 눈썰미에 감탄하며, 탐석한 날짜와 장소를 기록해 기념석으로 잘 간직하겠다는 약속을 했다.

기다림 속에 맞이했던 그 어울림의 시간들이 빠르게 흘러갔다. 가족이란 이름으로 함께했던 짧은 만남을 아쉬워하며 모두들 일상으로 돌아갈 채비를 한다. 세 아들이 가장 활기차게 일하는 인생의 황금기를 지나고 있어 언제쯤 다시 만나자는 기약은 하지 않았지만, 가족의 소중함을 새삼 느끼게 해준 이번 여행이 분명 그들 기억 속에 오래도록 남을 추억의 한 페이지가 될 것이다.

신토불이

여름철 더위를 식혀주는 음식으로 콩국수만한 것도 없다.

얼음이 숭숭 뜬 시원하고 고소한 콩국수 한 그릇이면 삼복 더위도 그런대로 견딜 만하다.

집 가까이에 고객의 건강을 먼저 생각한다는 자부심으로 순도 100%의 국산 콩만으로 콩국수를 만드는 식당이 있다. 요리판정단의 엄격한 검증을 거쳐 '착한식당'으로 선정된 집이다. 음식은 맛으로 승부한다. 맛이 없으면 바로 등을 돌린다. 기다림의 지루함을 넉넉히 보상해주는 이 집의 콩국수맛은 입소문이 나있어 원근을 가리지 않고 찾아오는 사람들로 항상 문전성시를 이룬다. 정직을 모토로 한 주인의 마음까지 보태진 진국의 콩국수를 먹으려면 대기표를 받고 한 시간 넘게 기다리기는 예사다.

조미료가 가미되지 않은 순수자연의 맛을 내려면 똑같은 콩이라도 익히는 시간과 입자를 곱게 갈아주는 맷돌의 상태에 따라 그 맛이 달라진다고 한다. 자신만이 만들어낼 수 있는 최상의 콩국수를 만들기 위해 수많은 시행착오를 거쳐, 천연 그대로의 맛을 터득했다는 주인의 콩에 대한 애정이 유별나다. 콩은 밭에서 나는 소고기로 단백질덩어리다. 다리품을 팔며 산지를 돌아 엄선한 콩만을 쓴다는 정성까지 더해져 구수한 콩국수 한 그릇을 비우고 나면 언제나 몸이 건강해지는 느낌이다.

토속음식에 향수를 느끼는 사람들이 늘어나고 있다. 한결같은 마음으로 몸에 좋은 음식을 만들어오다 '착한식당'이라는 자랑스러운 상호를 부여받게 된 주인의 꿈은, 자기 소유의 드넓은 콩밭에 여러 개의 원두막을 세워놓고 그곳을 찾는 손님들에게 맛있는 콩국수를 대접하는 일이란다. 연일 몰려드는 인파로 보아 그 꿈은 머지않아 이루어질 것 같다. 어쩜 건강한 음식을 만들기 위해 쏟은 그간의 노력에 대한 당연한 보상이 아닐는지. 식사를 마치고 나오려는데 주인이 "맛있게 드셨어요." 묻는다. 나는 "예. 고생하신 보람이 있어 행복하시겠어요."라며 진심어린 마음을 전했다.

점점 자극적이고 진한 맛을 원하다보니 자신도 모르는 사이 인공조미료에 길들여져 가는 요즘이다. 그러나 지근거리에 있는 신토불이 건강지킴이 식당 덕분에 순수자연의 맛을 즐기며 여름을 나고 있다.

되돌려 놓기

'당신은 지금 행복한가.'라고 누가 내게 물어온다면 과연 고개를 끄덕일 수 있을까. 그렇다고 불행해서가 아니다. 뭔가 늘 채우려는 둔감한 자족감 때문이다. 이렇듯 조이기만 하며 살아온 욕망의 끈을 이제는 느슨하게 풀어 놓고 싶다는 내안의 갈구가 부표처럼 떠오르는 요즘이다.

집안을 둘러본다. 눈길 닿은 곳마다 지칠 줄 모르고 달려온 열정의 흔적들로 가득하다. 모두가 한번 마음을 주면 좀처럼 헤어나지 못하는 약점의 소산물들이다. 그중에서도 수석은 늘 관심의 중심에 있다는 위세를 과시라도 하듯 집안을 온통 차지하고 있다. 선택의 행운을 누린 쪽은 과연 어느 쪽일까. 오랜 세월 삶의 동반자로 특별한 자리매김을 해왔건만, 마치 허기에 걸린 사람처럼 모아들인 것들이 어느 날부턴가 돌연 나를 옥죄고 있다는 생각이 들었다.

세태의 흐름은 부모가 일생 동안 아끼던 애장품이라 할지라도 물려받기를 꺼린다고들 한다. 훗날 엄마를 생각하며 보라고 장남과 손자에게 소장을 당부해 놓긴 했지만, 적은 물량도 아니고 행여 보관에 갈등을 느낄지도 모를 마음의 짐을 안겨주는 것은 아닌가 싶기도 하다.

그동안 채우기에만 급급하다보니 더러 비어 있으므로 느낄 수 있는 여유로움을 놓치고 살아온 것은 아닌지. 이제라도 감당할 만큼의 물방울 외에는 미련 없이 쏟아내는 연잎의 가벼움 그 비움을 실행에 옮겨야겠다는 다짐을 하지만, 아직도 탐석의 즐거움을 찾아 나선 돌밭에서 배낭의 무게를 줄이지 못하니 생각을 실천에 옮기는 일이 쉽지 않음을 절감하게 된다.

이렇듯 더딘 결단을 아쉬워하고 있다는 걸 알 리 없는 지인으로부터 전화가 걸려왔다. 돌을 수집했던 그의 친구가 갑자기 세상을 떠났는데, 소장석의 처리가 시급하다며 유족의 딱한 소식을 접하고 내가 생각났다는 것이다. 내 발등의 불도

끄지 못하는 처지라서 극구 사양했지만, 한 번 와 보기라도 해달라는 간청마저 거절할 수가 없었다.

지인의 안내를 받아 들어간 아파트는 현관에서부터 거실, 방 베란다를 온통 수석들이 차지하고 있어 고인의 애석열정이 고스란히 느껴졌다. 허나 대부분 대중이 선호하기엔 거리감이 있는 거친 석질인 데다, 덩치마저 크다보니 마땅한 소장자를 찾기가 쉽지 않을 것 같다. 집을 줄여 서둘러 이사를 가야 한다는 고인의 부인은 약속된 날짜는 다가오고 참으로 걱정스럽다는 하소연을 한다. 딱한 사정에 난감함을 내색할 수도 없는 일이라, 혹 기증할 곳이나 양도해갈 사람이 있는지 알아보겠다는 겉치레 인사를 하고는 내심 미안한 마음이 들었다.

문밖까지 따라 나와 안타까운 눈빛을 보내는 부인을 뒤로하고 나오려니 도무지 남의 일 같질 않다. 생전에 아무리 애지중지하던 것들이라 해도 남겨진 가족에게는 돌덩이보다 무거운 마음의 짐이 되고 있다는 생각이 계속 나를 따라왔다. 그토록 사랑을 주던 대상이 떠난 뒤 거처가 불확실해진 고인의 소장석들처럼 내가 수집해 놓은 돌들과도 언젠가는 이별을 맞게 될 텐데, 생의 부질없음을 느끼고 온 날이라서 그런지 새삼 가벼워지고 싶다는 간절함이 밀려든다.

아무리 소중한 것일지라도 영원한 내 것은 없다. 자연은 제 자리에 있을 때가 가장 아름답다. 그들이 있던 본래의 자리인 강변으로 되돌려 보낼 것은 보내고, 지인들에게도 몇 점씩 나눠주고, 탐석지의 특별한 추억이 서려있거나, 유독 마음이 가는 것들은 오랜 애석생활의 증표로 간직할 생각이지만, 이 또한 선뜻 실천에 옮기게 될지 모를 일이다.

탐욕의 끝은 어디일까. 여기까지만이라고, 솟는 탐심을 자제하지 못하고 채우기만 하면서 살아온 날들. 사랑하는 가족들에게 짐이 되지 않도록 가벼워지는 연습을 이젠 미루지 말아야 할 것 같다.

함께 걷는 길

- 한수연우회 20주년에 부치는 글

삶의 길에서 수석을 만난 것은 행운이 아닐 수 없다. 애석생활을 하지 않았다면 그 많은 지인들을 과연 만날 수 있었을까. 불가능한 일이다. 그러기에 나는 수석과의 만남에 우연이 아닌 필연성을 부여하는데 조금도 주저하지 않는다.

인생의 황금기라 할 40대에 한수연우회 창립회원이 되었다. 올해로 20주년을 맞았으니 강산이 두 번 변하는 세월을 우린 함께 해왔다. 결코 짧지 않은 날들을 지나오는 동안 청청하던 회원들 얼굴엔 훈장처럼 세월의 흔적이 드리워있지만, 오래 발효되어 깊은 맛을 내는 장맛 같은 우의와 결속을 다지며 오늘에 이른 가족 같이 소중한 존재이다.

너와 내가 우리로 돌사랑 한 가족을 지향해온 무수한 날들 속에는 즐거웠던 일도 많았지만, 회오리치듯 회의 존립을 흔들어 놓는 안타까운 일도 있었다. 자칫 소홀해질 수도 있는 취미생활의 한계를 극복하기란 여간한 열정이 없이는 절대로 가능한 일이 아니다. 시련의 때마다 자신의 희생을 기꺼이 감수하며 든든한 버팀목이 되어준 회원들이 있었기에 더 큰 비전을 품는 한수연우회로 다시 우뚝 설 수 있었다. 여기까지 오도록 묵묵히 자리를 지켜준 회원들이 그저 고맙고, 그 여정을 지켜본 한 사람으로 느끼는 감회가 실로 크다.

한수연우회는 회원들이 전국에 흩어져 살고 있다. 그러니 돌을 좋아하지 않았다면 영영 만나지 못했을 인연들이다. 단지 애석인이라는 공통점만으로 생면부지 사람들이 모여 형님이 되고 누나가 되고 아우가 되어 한결같은 마음으로 20년을 함께 해올 수 있었으니, 이 특별한 만남의 가교역할을 해준 애석생활이 내게 안겨준 축복이라 여겨진다.

혼자 걷는 길은 외롭다. 그러나 도란도란 길동무가 되어줄 누군가가 곁에 있다면 아무리 먼 길일지라도 지척인 듯 걸음이 가볍다. 우리는 그런 천군만마와 같은 길동무들이 가까이에 있다. 언제 어느 곳에서 만나든 화기애애한 분위기에 취하게 되고, 헤어짐이 아쉬워 이내 다시 만날 날을 기다리는 그런 사이다. 내가 한수연우회에 남다른 애정과 의미를 부여하는 이유도 바로 여기에 있다.

지난 20년의 자취를 돌아본다. 수석이론을 정립하는 일, 정통애석생활 구현, 자연애호 정신함양, 회원간의 진지한 교류, 사회봉사 등 창립당시의 목적과 취지에 부합하는 회원이 되기 위해 성실하게 임해온 부끄럽지 않은 길이었다고 자부한다. 애석사에 길이 남을 회지 돌사랑철학 10권을 발간했고, 전국을 돌며 10회의 전시행사도 열었다.

생각만 해도 가슴이 벅차오르는 춘천 공지천에서의 창립전 전야제, 하계세미나가 열린 진도 관매도 백사장에서 밤바다의 몽환적인 분위기와 어우러진 남도가락에 흠뻑 취하던 일, 영암에서 성황리에 치른 10주년 전야제와 전시, 거창, 진도, 울산, 변산, 제주도, 영월, 통영, 지리산, 안면도, 송이도, 거제도, 경주, 해인사 등 전국을 돌며 하계수련회를 열고 탐석행사를 했던 일, 유적지와 사적지탐방. 애석사료와 전래석을 발굴하고 보전하려는 노력에 이르기까지 단순이 만났다 헤어지는 모임이 아니라 애석인으로 우린 이렇게 살았다는 또렷한

족적을 남긴 참으로 값진 동행이었다.

앞으로도 더 의미 있는 자취를 남겨가기 위해 지나온 날들처럼 서로에게 힘과 용기가 되어주는 회원들의 변함없는 결속을 믿고 있다.

애석의 긴 여정을 함께해 온 자랑스러운 한수연우회 회원들이여! 우리 모두 창립 20주년의 장도를 자축하는 축배의 잔을 높이 들자.